Das Phänomen der Organisierten Kriminalität in Deutschland

Das Problem der „polizeilichen Definitionsmacht“ für das Hellfeld der Organisierten Kriminalität

ISSN 1610-7500
ISBN 978-3-86676-757-7

Andreas Werger

Das Phänomen der Organisierten Kriminalität in Deutschland

Das Problem der „polizeilichen Definitionsmacht" für das Hellfeld der Organisierten Kriminalität

Schriftenreihe Polizei & Wissenschaft

ISSN 1610-7500
ISBN 978-3-86676-757-7

Verlag für Polizeiwissenschaft
Prof. Dr. Clemens Lorei

Bibliografische Information der Deutschen Nationalbibliothek
Die Deutsche Nationalbibliothek verzeichnet diese Publikation in der Deutschen Nationalbibliografie; detaillierte bibliografische Daten sind im Internet über http://dnb.d-nb.de abrufbar.

Verlag für Polizeiwissenschaft, Prof. Dr. Clemens Lorei
Eschersheimer Landstraße 508 • 60433 Frankfurt
Telefon/Telefax 0 69/51 37 54 • verlag@polizeiwissenschaft.de
www.polizeiwissenschaft.de

Printed in Germany

Die vorliegende Arbeit wurde vom Lehrstuhl für Kriminologie der Juristischen Fakultät der Ruhr Universität Bochum im Februar 2022 als Masterarbeit angenommen. Für die vorliegende Veröffentlichung wurde die Masterthesis überarbeitet.

Mein ganz besonderer Dank gilt vor allem meinem Betreuer Herrn Dr. Holger Plank, der mich bei der Erstellung der Arbeit hervorragend unterstützte. Seine freundliche und konstruktive Beratung hat mir wertvolle Anregungen gegeben und mich während der gesamten Zeit motiviert. Mein Dank gilt auch für die überragend schnelle Erstellung des Erstgutachtens und die Unterstützung bei der Veröffentlichung dieser Arbeit.

Abschließend danke ich meiner Ehefrau Aurelija für ihre liebevolle Unterstützung, die mir stetiger Ansporn war.

Den Haag, im Spätsommer 2022 Andreas Werger

Inhaltsverzeichnis

1. Einleitung

Die Ermordung eines italienischen Gastronomen und von fünf weiteren italienischen Männern, die am 15.08.2007 in Duisburg im Rahmen einer Fehde zweier ´Ndrangheta-Familien erschossen wurden, kann in der gesellschaftlichen Wahrnehmung sicherlich als das klassische Delikt dessen bezeichnet werden, was allgemein unter Organisierter Kriminalität verstanden wird. Der Begriff „Organisierte Kriminalität" wird häufig insbesondere mit der italienischen Mafia, aber auch chinesischen Triaden oder Rockergruppierungen assoziiert. In der neueren Zeit werden mit diesem Begriff aber auch verstärkt Delikte wie Cyberkriminalität, illegale Giftmüllkriminalität oder Mehrwertsteuerbetrug verbunden (vgl. Europol 2021). Die Antwort auf die Frage, was Organisierte Kriminalität ist, ist nicht leicht, da es für den unbefangenen Beobachter[1] ein nicht ohne weiteres klar abgrenzbares zusammenhängendes Phänomen darstellt (vgl. von Lampe 2019, S. 23).

Es war lange Zeit umstritten ob es in Deutschland überhaupt Organisierte Kriminalität geben würde. Noch in den 1970er Jahren wurde dieses angezweifelt und als ein italienisches oder amerikanisches Phänomen betrachtet (vgl. Kinzig 2004, S. 50 f). Im historischen Diskurs ist erkennbar, dass das Phänomen jedoch bereits seit Jahrzehnten unter verschiedenen Begriffen existierte. Hans Schmitz veröffentlichte bereits 1927 seine Dissertation „Das internationale Verbrechertum und seine Bekämpfung" und berichtete vom „organisierten Verbrechertum", sowie dass der „Mädchenhandel" das schlimmste Verbrechen wäre (vgl. Schmitz 1927, S. 1 ff). Dieses Delikt ist unter der Bezeichnung des Menschenhandels zur sexuellen Ausbeutung immer noch ein wesentliches OK-Phänomen, dass seine Aktualität wohl nie einbüßte.

Die deutsche Diskussion um Organisierte Kriminalität spielte sich zumeist im polizeilichen Rahmen ab und wurde insbesondere in den Publikationen „Die Polizei" und „Kriminalistik" dargestellt (vgl. von Lampe 2019, S. 23 f). Ab Mitte der 1970er Jahre rückte die Organisierte Kriminalität verstärkt in den Fokus, eine intensivere Auseinandersetzung mit dem Begriff erfolgt seit Mitte der 1980er Jahre.

[1] Aus Gründen der Lesbarkeit wurde im Text die männliche Form gewählt, nichtsdestoweniger beziehen sich die Angaben auf Angehörige aller Geschlechter.

1.1 Definitorische Eingrenzung des Phänomens OK und dessen „Tücken“

Ein Augenmerk erhielt das Thema mit der 1974 durchgeführten Fachtagung des BKA zum Thema „Die Erscheinungsformen und die Bekämpfung organisierten Verbrechens“ (vgl. Kinzig 2004, S. 51 f). Damals stand die Bedeutung des Begriffes „Organisiertes Verbrechertum“ nicht fest und wurde für sehr unterschiedliche Erscheinungsformen in Bezug auf Verbrechen angewandt (vgl. Boettcher 1973, S. 11). In den folgenden Jahren entwickelte sich die Diskussion um den Begriff intensiv fort. Einen vorläufigen Abschluss erhielt dieser Prozess mit der im Mai 1990 durch die Gemeinsame Arbeitsgruppe der Justiz und Polizei verabschiedeten und bis heute gültigen Arbeitsdefinition Organisierte Kriminalität, die gleichzeitig auch die Grundlage für das Bundeslagebild Organisierte Kriminalität bildet:

„Organisierte Kriminalität ist die von Gewinn- oder Machtstreben bestimmte planmäßige Begehung von Straftaten, die einzeln oder in ihrer Gesamtheit von erheblicher Bedeutung sind, wenn mehr als zwei Beteiligte auf längere oder unbestimmte Dauer arbeitsteilig

a) unter Verwendung gewerblicher oder geschäftsähnlicher Strukturen,

b) unter Anwendung von Gewalt oder anderer zur Einschüchterung geeigneter Mittel oder

c) unter Einflussnahme auf Politik, Medien, öffentliche Verwaltung, Justiz oder Wirtschaft

zusammenwirken“ (BMJV 2018).

Diese in ihren einzelnen Merkmalen interpretierbare Darlegung ist also nicht etwa eine Legaldefinition oder schafft gar einen neuen Straftatbestand. Sie ermöglicht zunächst nur eine einheitliche Bezeichnung und Fassung der Organisierten Kriminalität (vgl. Bögel 1994, S. 49). In Deutschland haben also im Moment weder die derzeitige Definition noch der Begriff im juristischen Kontext einen hohen Erklärungswert (vgl. Kinzig 2004, S. 778). Vielmehr ist dieser durch seine Unschärfe hinsichtlich der verwendeten Merkmale, als auch durch die Möglichkeit, dass zahllose Delikte des (Neben-) Strafrechts hiervon umfasst werden können, jedenfalls wenn diese organisiert begangen werden und die Anforderungen hinsichtlich Täter- und Tatbesonderheiten erfüllt sind, geprägt (vgl. Sinn 2016, S. 6).

1.2 Organisierte Kriminalität als „Organisationsdelikt“

Verfahren der Organisierten Kriminalität werden zumeist als klassische „Bandendelikte“ geführt, da entsprechende Verfahren nach § 129 StGB (Bildung einer kriminellen Vereinigung) sehr engen Voraussetzungen unterliegen. Demgegenüber wird in Italien davon ausgegangen, dass die italienische Mafia der Archetypus der Organisierten Kriminalität ist (vgl. Paoli/ Vander Beken 2019, S. 20). Dies spiegelt sich auch im dortigen Rechtssystem wieder, in dem die Mitgliedschaft in einer „mafiaartigen Vereinigung“ strafbewehrt ist. Während in Deutschland im Jahr 2014 lediglich elf Verfahren nach § 129 StGB geführt wurden, wurden in Italien 89 Verfahren gegen mafiaähnliche Vereinigungen gem. Art. 416bis des italienischen Strafgesetzbuches „Codice penale“ geführt (vgl. Wissenschaftliche Dienste des Deutschen Bundestag 2018, S. 4 ff).

1.3 Das Hellfeld der OK als rein sicherheitsbehördliches Lagebild

Das seit 1991 erstellte Bundeslagebild Organisierte Kriminalität bildet die sich im Hellfeld der Strafverfolgungsbehörden abzeichnende Situation ab. In der Vergangenheit wurde, vor allem mit Verweis auf den Mangel an qualitativen Daten und fehlender Transparenz, erhebliche Kritik an dessen Aussagewert geäußert (vgl. Sinn 2016, S. 13). Bei aller nachvollziehbaren Kritik, an hellfeldorientierten sicherheitsbehördlichen Lagebildern führt derzeit kein Weg als (allerdings unvollständige, da weit überwiegend durch proaktive polizeiliche Initiativ- und Strukturermittlungen konturierte) statistische Zustandsbeschreibung vorbei, um erste Einschätzungen über die Organisierte Kriminalität vorzunehmen. Eine Reduzierung der Debatte um alles, was von der Polizei selbst oder in ihrem Auftrag durchgeführt wurde, würde einen noch weniger aussagekräftigeren Restbestand an Daten ohne signifikanten Mehrwert erzeugen. Daher muss sich bei der Betrachtung des Phänomens zunächst das Augenmerk auf die Organisation richten, von der das Primärwissen hierzu kommt, also auf die „Polizei“ (vgl. Pütter 1998, S. 11).

1.3.1 Die „Definitionsmacht der Polizei"

Der hierzu passende, allerdings in der Kriminalsoziologie überwiegend kritisch konnotierte Begriff der „Definitionsmacht der Polizei" wurde in den 1970er Jahren in Deutschland geprägt und beschreibt die durch weite Handlungsspielräume von Polizeibeamten beeinflusste kriminalstatistisch erzeugte „Kriminalität" zunächst als soziales Konstrukt. Die Definitionsmacht beschreibt also die sozial vorstrukturierte Chance, eine Situation für andere verbindlich zu definieren (vgl. Feest/ Blankenburg 1972, S. 19). Bezogen auf das Hellfeld der Organisierten Kriminalität ist festzustellen, dass dieses ausschließlich durch die Polizei gestaltet wird. Gerade innerhalb dieses Phänomens kommt ihr demnach eine sehr hohe oder nahezu ausschließliche Definitionsmacht zu. Organisierte Kriminalität ist überwiegend der Kontrollkriminalität zuzuschreiben, weshalb zum einen ein hohes Dunkelfeld zu vermuten ist, zum anderen auch vielfach vorgelagerte Initiativermittlungen zur Erkenntnisgewinnung und Verdachtsschöpfung notwendig sind (vgl. Sinn 2016, S. 20). Initiativermittlungen liegen vor, wenn Polizei und Staatsanwaltschaft von sich aus Informationen gewinnen oder zusammenführen um Ermittlungsansätze zu erhalten (vgl. Jahnes 2010, S. 10).

Durch den genuin klandestinen Charakter von Organisierter Kriminalität nimmt die Definitionsmacht der Polizei naturgemäß erheblich zu, da das Verborgene nur zu erkennen ist, wenn die OK-relevanten Bereiche strukturell eigeninitiativ untersucht werden. Die Bekämpfung von Organisierter Kriminalität geht daher mit vermehrten initiativen Kontrollpotentialen der Polizei einher (vgl. Pütter 1998, S. 19).

Das Bundeslagebild OK beschreibt nur die Tätigkeit der Polizei im Bereich der Organisierten Kriminalität und ist Grundlage des Hellfeldes. Hellfeld und Dunkelfeld ergänzen sich wechselseitig und ergeben zusammen die Gesamtsumme aller real vorkommender Kriminalitätsereignisse (vgl. Kunz/ Singelnstein 2016, § 15 Rn. 9).

1.3.2 Aussagegehalt vorhandener empirischer Forschung

Um einen vollständigen Überblick zu bekommen, sind in Ergänzung zum Hellfeld auch empirische Forschungsergebnisse und deren Aussagegehalt zentral. Die Unschärfe des Begriffes der Organisierten Kriminalität macht es schwierig, Forschung thematisch einzugrenzen. Es gibt zum einen Forschung, die explizit zu Organisierter Kriminalität durchgeführt wird, zum anderen Forschungen, die sich mit Untersuchungsgegenständen befassen, die dem Deliktsfeld anderweitig zugeordnet werden (vgl. von Lampe/ Knickmeier 2018, S. 11). Das Forschungsfeld und die -gegenstände und Zielgruppen sind ebenso wie die Ergebnisse mannigfaltig, phänomenologisch und disziplinär heterogen. So untersuchte bspw. Hans-Jürgen Kerner bereits Anfang der 1970er Jahre den Zustand und die Entwicklungstendenzen des professionellen und organisierten Verbrechens neuer Art und interviewte Mitarbeiter von 20 polizeilichen Behörden und 3 Justizvollzugsanstalten in Deutschland (vgl. Kerner 1973, S. 11 ff). Rebscher und Vahlenkamp befragten 1985-1986 insgesamt 66 OK- Ermittlungsbeamte zur Organisierten Kriminalität in Deutschland, um das aktuelle Erscheinungsbild und Entwicklungstendenzen bundesweit zu erheben und Empfehlungen der kriminalpolizeilichen Basis für die Bekämpfung zu erarbeiten (vgl. Rebscher/ Vahlenkamp 1988, S. 11). Im Rahmen der Studie zur Logistik der Organisierten Kriminalität (LOOK-Studie) wurden die Delikte der internationalen KFZ- Verschiebung, der ausbeuterischen Prostitution, des Menschenhandels und des illegalen Glücksspiels betrachtet. Hierbei wurden Expertenbefragungen unter 21 Polizeiexperten, 13 Staatsanwälten und 15 weiteren Experten initiiert, wobei unter diesen nur jeweils zwei Vertreter von Prostituiertenvereinigungen und Täter waren (vgl. Sieber/ Bögel 1993, S. 70 ff). Unter Nutzung der Daten aus der LOOK-Studie hat Marion Bögel weiter untersucht, inwieweit wirtschaftswissenschaftliche Überlegungen auf kriminelle Organisationen und Umweltbeziehungen übertragbar sind (vgl. Bögel 1994, S. 77 ff). Thomas Ohlemacher untersuchte 1995-96 mittels telefonischer und schriftlicher Befragungen Gastronomen hinsichtlich ihrer Erfahrungen, Einstellungen und Handlungen hinsichtlich der Delikte Schutzgeld und Korruption (vgl. Ohlemacher 1998, S. 42 ff). Durch Pütter wurden im Rahmen einer Studie Gespräche mit 71 Polizisten und Staatsanwälten geführt, um das Verhältnis zwischen den polizeilichen Strategien und Handlungen und dem polizeilichen Gegenüber zu klären, die institutionellen Rahmenbedingungen der OK- Bekämpfung zu beschreiben und die Relevanz der Organisierten Kriminalität und ihrer Bekämpfung in der öffentlichen Diskussion darzustellen (vgl. Pütter 1998, S. 19 ff). Jörg Kinzig untersuchte, welche Sachverhalte von Polizei und Justiz unter dem Begriff der Organisierten Kriminalität aufgegriffen und mit welchem Ergebnis sie von der Justiz bewältigt werden. Hierzu erfolgten neben einer Aktenanalyse auch Interviews von durch die Polizei Baden-Württemberg empfohlenen Straftätern (vgl. Kinzig 2004, S. 43 ff). Bei der Betrachtung der Methodik der meisten Studien wird zumindest eines deutlich, nämlich dass überwiegend Polizeiexperten eine maßgebliche Rolle spielen (vgl. Besozzi 1997, S. 50).

Zusammenfassend lässt sich also jedenfalls kriminalstatistisch feststellen, dass Polizei weit überwiegend das Hellfeld der Organisierten Kriminalität definiert und auch maßgeblich im Bereich der empirischen Forschung beteiligt ist. Da diese Definitionsmacht jedoch ganz entscheidend den Einsatz und die Steuerung polizeilicher Ressourcen im Bereich der Kontrolle von Organisierter Kriminalität prägt, bleibt die Frage, ob und ggf. wie dieser Umstand objektivierbar ist, also Organisierte Kriminalität objektiver statistisch messbar gemacht werden kann, schon weil die personellen und institutionellen polizeilichen Ressourcen begrenzt sind?

1.4. Methode

Diese Studie ist eine literaturtheoretische Arbeit. Vorhandene Quellen werden ausgewertet und unter der Klammer einer übergreifenden Untersuchungsannahme (siehe 1.5) und diese konkretisierenden forschungsleitenden Fragen (siehe 1.6) phänomenologisch vertieft analysiert. Die Arbeit ist kriminal- und polizeiwissenschaftlich fundiert. Analytische Betrachtungsfelder mit besonderer Relevanz in der Arbeit sind hierbei vor allem die Notwendigkeit einer zukunftsorientierten Kriminalstrategie und die qualitative Bewertung von Ermittlungsverfahren im OK-Bereich. Der Bezug zur Polizeiwissenschaft ergibt sich aus den einleitenden Betrachtungen zur Definitionsmacht der Polizei, hier gespiegelt auf den OK-Bereich. Während die phänomenologische Hell- und Dunkelfeldbetrachtung ein klassisches Element der angewandten Kriminologie sind, betreffen die Ausführungen im späteren analytischen Teil zu Möglichkeiten der Gewinnung objektiver Daten insbesondere die Kriminalistik, also primär die nicht-juristischen Kriminalwissenschaften. Komplementäre juristische Betrachtungen erfolgen ausschnittsweise, bspw. im Rahmen der Bewertung der kriminalpolitischen Intentionen des OrgKG (BGBl. 1992 Teil I Nr. 34 vom 22.07.1992, S. 1302 ff.) und (jedenfalls ausschnittsweise) des seither – bezogen auf die OK - rechtstatsächlich geforderten Fortentwicklungsbedarfs.

1.4 Untersuchungsannahme

Als Ergebnis der dargelegten phänomenologischen Vorüberlegungen wird die folgende Untersuchungsannahme abgeleitet:

„Die polizeiliche OK-Bekämpfung in Deutschland ist derzeit strukturell viel zu selbstreferenziell ausgerichtet, was die Aussagekraft kriminalstatistischer phänomenologischer Lagebilder und damit die notwendige Problembeschreibung zur Fortentwicklung sicherheitsbehördlicher Strategien und kriminalstrategisch sachgerechter Politikberatung bottom-up einschränkt."

1.5 Forschungsleitende Fragen

Die Untersuchungsannahme wird anhand der folgenden Fragestellungen vertiefter Analyse zugänglich:

1.) Wer definiert Organisierte Kriminalität?

2.) Ist der definitorische Ansatz der Organisierten Kriminalität (wie dargestellt) unter kriminalwissenschaftlichen Aspekten sachgerecht und zeitgemäß?

3.) Was wird im Hellfeld tatsächlich als Organisierte Kriminalität bearbeitet?

Während bei der alltäglichen Kriminalitätsbekämpfung häufig zunächst eine Straftat begangen und (weit überwiegend durch Anzeigeerstattung) polizeilich bekannt wird, setzt die Bekämpfung der Organisierten Kriminalität häufig schon im Vorfeld einer Anzeigeerstattung an. Der proaktiven polizeilichen Informationsgewinnung, Analyse und operativen Auswertung kommt eine besondere Rolle zu. Daher erlangt in einem weiteren Schritt die Fragestellung:

4.) Kann das phänomenologisch weite Feld der OK in der bisherigen polizeilichen Struktur der OK-Bekämpfung substantiell objektiviert werden?

besonderen analytischen Wert. Derart analytisch abgerundet werden Möglichkeiten ausgelotet und beschrieben, wie die gerade beim Phänomen OK sehr weitreichende polizeiliche Definitionsmacht objektiviert werden kann und somit jedenfalls das Hellfeld der OK sachgerechter als bisher messbar wird sowie Ressourcen gezielter gesteuert werden können.

Wie eingangs bereits dargelegt, wird die Untersuchungsannahme mittels der skizzierten Fragestellungen literaturtheoretisch analysiert. Dazu erfolgt zunächst eine systematische Literaturrecherche zum Themenfeld. Aus den Ergebnissen wird anschließend deskriptiv der derzeitige Wissens- und Forschungsstand zur Definition, zum Hell- und Dunkelfeld und Probleme empirischer Forschungsmöglichkeiten dargestellt. Die skizzierten Fragestellungen dienen dabei als Leitfragestellungen. Die Fragen eins und zwei können weitgehend im Rahmen der Untersuchungen zur OK-Definition beantwortet werden. Der Frage zum aktuellen Hellfeld wird im 4. Kapitel nachgegangen. Die Fragen werden jeweils synthetisch aufgegriffen, um eine vorläufige Antwort auf die Untersuchungsannahme zu wagen. Auf dieser kritisch-reflexiv erzeugten Grundlage wird analytisch hergeleitet, wie die Tätigkeit der Polizei im Deliktsfeld der OK objektiver erfolgen und gesteuert werden kann. Mit dieser vierten und letzten Fragestellung wird abschließend auf die Untersuchungsannahme reflektiert.

1.7. Aufbau und Gliederung

Die Arbeit erfordert, wenn auch in gebotener Kürze, einleitend eine prägnante Darstellung der historischen Entwicklung der OK in Deutschland. Dominierende Phänomene und Gruppierungen werden nachgezeichnet und kriminalpolitische Forderungen und Reaktionen dargestellt. Darauf aufbauend werden die Entwicklung und die Unschärfe des Begriffs der Organisierten Kriminalität in Deutschland intentional, tatbestandsorientiert analysiert werden.

Die zentrale Frage einer gerade beim Phänomen OK signifikanten Definitionsmacht wird anschließend am Beispiel der Hellfeldentwicklung dargestellt. Hierzu wird nicht nur das OK- Lagebild betrachtet, sondern auch die Einleitung von Ermittlungsverfahren mit ihrer proaktiven Verdachtsgewinnung und der Einfluss polizeilicher Strukturen auf die Verdachtsgewinnung kritisch-reflexiv analysiert.

Nach einer Betrachtung des Hellfeldes ist es komplementär notwendig, Grundaussagen zum Dunkelfeld zu treffen und deren empirische Belastbarkeit zu prüfen. Anschließend erfolgt die Synthese der bislang analytisch gewonnenen Erkenntnisse. In Bezug auf die zentrale Frage der Definitionsmacht werden auf dieser Grundlage Möglichkeiten für die Polizei herausgearbeitet, wie OK-Ermittlungsverfahren objektiver generiert werden können.

2. Historische Entwicklung der Organisierten Kriminalität in Deutschland

Die Geschichte der Organisierten Kriminalität ist lang und variiert von Land zu Land. Die Tätergruppen haben unterschiedliche Formen, so ist es in Italien die Mafia, in Japan die Yakuza, in China die Triaden und in Südamerika sind es Kartelle (vgl. Bögel 1994, S. 16). Die Betrachtung der historischen Umstände ist notwendig um ein Verständnis für das OK-Phänomen zu bekommen. Daher werden zunächst die historischen Phänomene und daran anschließend kriminalpolitische Forderungen und Reaktionen in Deutschland dargestellt. Es ist darauf hinzuweisen, dass zunächst nicht von einem einheitlichen Begriff der „Organisierten Kriminalität" ausgegangen wird, weshalb im folgenden Kapitel zur historischen Entwicklung des Phänomens und der Darstellung kriminalpolitischer Forderungen und Reaktionen die aus der Literaturrecherche hergeleiteten wesentlichen Entwicklungen dargestellt werden, ohne dass eine definitorische Festlegung erfolgt.

2.1 Phänomene der Organisierten Kriminalität in Deutschland

Als Vorläufer der Organisierten Kriminalität werden in Deutschland die mittelalterlichen Räuberbanden gesehen (vgl. Schmitz 1927, S. 5 f.; vgl. Bögel 1994, S. 28; vgl. Raith 1995, S. 12; vgl. Sieler 2007, 5 f.), die sich bis ins 16. Jahrhundert zurückverfolgen lassen (vgl. Kinzig 2004, S. 45) und sich überwiegend aus Randgruppen der Gesellschaft bildeten (vgl. Küther 1987, S. 145). Die Räuberbanden der damaligen Zeit waren jedoch nicht in festen Strukturen eingebunden, sondern bildeten sich im Rahmen von konkreten Straftaten, wiesen jedoch eine gewisse Organisationsstruktur auf (vgl. Bögel 1994, S. 28). Sie hielten sich bis in das 19. Jahrhundert. Zum Ende des 19. Jahrhunderts brach dann die Zeit der Verbrecherbanden im städtisch-industriellen Milieu an (vgl. Schwerhoff 2011, S. 141 f). Die effizienter arbeitende Polizei sowie die Zerstörung der Rückzugsräume und Verstecke, aber auch die Verstädterung und Landflucht im 19. Jahrhundert, führte zum Rückgang der Räuberbanden (vgl. Sieler 2007, S. 6). Bei den mittelalterlichen Räuberbanden findet sich der Aspekt der gut geplanten Tatausführung, reflektierend auf ein arbeitsteiliges und sorgfältiges Vorgehen wieder, der die OK-Zuordnung begründen kann (vgl. Kinzig 2004, S. 47).

In Deutschland entstanden zum Ende des 19. Jahrhunderts Verflechtungen krimineller Gruppen, die in Dachorganisationen wie den „Ringvereinen" zusammengeschlossen waren und geheim gehaltene

Statuten und Verhaltensnormen besaßen (vgl. Raith 1995, S. 12). Die Ringvereine waren keine Sportvereine die das „Ringen“ betrieben, sondern Vereinigungen von Haftentlassenen, die als Ersatz für das bürgerliche Leben ein neues Zuhause fanden (vgl. Stürickow 2019, S. 7).[2] Der Schwerpunkt dieser Vereine lag in Berlin, es gab diese jedoch auch in anderen deutschen Großstädten wie Hamburg, Hannover, Nürnberg und Brauschweig (vgl. Thamm/ Freiberg 1998, S. 40). Um 1920 entstanden immer mehr dieser Unterweltvereine, wobei es sich in den meisten Städten um „Zuhältervereine“ und in Berlin um im Eigentumsbereich tätige Zusammenschlüsse handelte (vgl. Stürickow 2019, S. 7 ff). Ihr Höhepunkt lag in den Jahren von 1918-33 (vgl. Sieber/ Bögel 1993, S. 16). Ringvereine wurden in der Zeit des Nationalsozialismus bekämpft und aufgelöst (vgl. Thamm/ Freiberg 1998, S. 141, Fn. 42). Trotz des Verbotes im Jahr 1934 waren diese nie richtig verschwunden. Erste Hinweise auf Neugründungen gab es zum Ende des Jahres 1949 (vgl. Stürickow 2019, S. 126), wobei Ringvereine sich in der Bundesrepublik nicht mehr etablieren konnten (vgl. Bögel 1994, S. 29). Ringvereine werden aufgrund ihrer festen Regeln und Ziele häufig als Vorläufer der OK bezeichnet. Durch das Vereinsziel der Einflussnahme auf die Wirtschaft des Landes erfüllen sie das Element der Einflussnahme aus der heutigen Arbeitsdefinition OK (vgl. Kinzig 2004, S. 49 f).[3]

Die Entwicklung von Organisierter Kriminalität in Deutschland nach dem Zweiten Weltkrieg ist wenig erforscht (vgl. Sieber 1997a, S. 46). Dessen Existenz war in Deutschland lange umstritten (vgl. Schwind/ Schwind 2021, § 30 Rn. 1). Die Diskussion, in welcher Form in Deutschland OK existiert, hatte ihren Anfang in den 1960er Jahren. Sie führte mehrere Diskursstränge wie Veränderungen in der deutschen Kriminalitätslage, die Furcht vor Veränderungen als Folge der Arbeitsmigration u.a. aus Italien und Reformierungen der Polizei zusammen (vgl. von Lampe 2019, S. 24). Bis in die 1970er Jahre wurde OK als ein US-amerikanisches und italienisches Problem gesehen

---

[2] Thamm/ Freiberg gehen abweichend davon aus, dass die Ringvereine nach dem von seinen Mitgliedern praktizierten Ringen benannt wurden (vgl. Thamm/ Freiberg 1998, S. 141, Fn. 42).

[3] Abweichend von der herrschenden Meinung sieht Hans-Joachim Schneider weder die Räuberbanden des Mittelalters noch die Ringvereine als Vorläufer des Organisierten Verbrechens im heutigen Sinne. Schneider sieht die mittelalterlichen Räuberbanden als unstrukturierte Haufen die mit wahllosen Überfällen zu einer „Landplage“ wurden und den Zweck von Ringvereinen in einem Bedürfnis nach Geselligkeit (vgl. Schneider 2007, S. 716).

und dessen Existenz für Deutschland verneint (vgl. Kinzig 2004, S. 50 f).

Hans-Jürgen Kerner führte in den Jahren 1970-1972 ein Forschungsprojekt zum Thema des professionellen und organisierten Verbrechens durch. Kerner führt zum organisierten Verbrechen aus, dass es in Westeuropa noch kein voll ausgebautes System eines organisierten Verbrechens im Sinne US-amerikanischer Syndikate gäbe und die traditionelle sizilianische Mafia trotz Binnenwanderung in Europa nicht auf andere Staaten übergegriffen habe. Hinsichtlich des professionellen Verbrechens beschreibt Kerner den Bereich der Eigentumskriminalität als Schwerpunkt. Als potentiell gefährlichen Aspekt sieht Kerner den Handel mit „harten Drogen“ (vgl. Kerner 1973, S. 234 ff). Kerner beschreibt die OK-relevanten Gruppierungen als ein System vorwiegend informeller gegenseitiger Kontakte und Abmachungen zwischen wenigen marktbestimmenden Individuen und einer großen Anzahl ausführender Täter, die sich nach Bedarf aus der Gesamtzahl professioneller Krimineller bilden (vgl. ebd. S. 296).

Die ersten OK-Diskussionen verblassten in der zweiten Hälfte der 1970er Jahre, insbesondere rückte der Terrorismus bedingt durch Anschläge der RAF in den Fokus (vgl. Kinzig 2004, S. 54 f). Die Diskussion um Organisierte Kriminalität wurde Ende der 1980er und Anfang der 1990er Jahre wieder aufgegriffen. Der damalige Vizepräsident des BKA Gerhard Boeden bejahte im Jahr 1986 die Existenz von OK in Deutschland und benannte die Eigentumskriminalität, Gewaltkriminalität (Raubüberfälle und Schutzgelderpressung), Kriminalität im Zusammenhang mit dem Nachtleben, Falschgeld- und Waffenkriminalität, Wirtschaftskriminalität und Rauschgiftkriminalität als organisationsverdächtige Deliktsbereiche (vgl. Boeden 1986, S. 27 ff).

In den 1990er Jahren zerbrachen die Strukturen in Osteuropa. Als Folge wurde Deutschland verstärkt Tätigkeitsfeld international operierender Gruppen (vgl. Göppinger 1997, S. 551). In den Staaten des Ostblocks traten neue Gruppen in Erscheinung. Zahlreiche Mitarbeiter der zusammengebrochenen Staatsapparate, häufig mit guten Kontakten zu den Geheimdiensten, wurden rekrutiert. Bei den Gruppierungen handelte es sich um ehemalige Schwarzmarkthändler, Devisenschieber, Diebes- und Erpresserbanden (vgl. Raith 1995, S. 18 ff). Diese Gruppierungen begingen in Deutschland Straftaten, investierten aber auch Gelder (vgl. Kube 1996, S. 25). In den 1990er Jahren hatte der Handel mit Betäubungsmitteln eine erhebliche Bedeutung für die OK. Europa war der größte Absatzmarkt für Heroin. Der

Kokainumsatz stieg ständig (vgl. Mayerhofer 1996, S. 79). Der Rotterdamer Hafen bekam in diesem Zusammenhang eine Brückenkopffunktion (vgl. Kube 1996, S. 25).

Als Schwerpunkte von traditioneller OK führt Sieber 1997 speziell Drogenhandel, Prostitution, Menschenhandel, Glücksspiel, Schutzgelderpressung, KFZ-Diebstahl, Raub und Hehlerei, Vertrieb von Falschgeld sowie Waffenhandel auf. Hinsichtlich der Strukturen zeigt Sieber auf, dass es sowohl klassische Syndikate, als auch lose Straftäterverflechtungen („Netzstrukturkriminalität") gab. Sieber zeigt vier Entwicklungstendenzen der Organisierten Kriminalität auf: Brutalisierung, Professionalisierung, Korruption und Internationalisierung (vgl. Sieber 1997, S. 270 ff). Diese Entwicklungstendenzen zeigen sich noch heute im Europol SOCTA-Report 2021. Die Nutzung von Gewalt, eine hohe Agilität und Anpassungsfähigkeit, aber auch Korruption sind auch heute noch zentrale OK-Merkmale (vgl. Europol 2021, S. 10 f). Die internationale Dimension ist ebenfalls weiterhin erheblich, so bestehen 65 % der relevanten Gruppierungen aus Mitgliedern mit verschiedenen Nationalitäten und 70 % sind in mehr als drei Ländern tätig (vgl. ebd., S. 18). Es sind jedoch nicht nur die Entwicklungstendenzen konstant geblieben, auch die Deliktsfelder weisen eine hohe Konstanz auf.

Aus dem Bundeslagebild Organisierte Kriminalität 2019 des BKA ergeben sich als Kriminalitätsbereiche, die im Schwerpunkt polizeilich bearbeitet wurden, die Drogenkriminalität, Kriminalität im Zusammenhang mit dem Wirtschaftsleben, Eigentumskriminalität, Schleusungskriminalität und Steuer- und Zolldelikte (vgl. BKA 2020, S. 6).[4] Der Europol SOCTA- Bericht 2021 führt als hervorgehobene OK-Phänomene „high-risk criminal networks (incl. corruption, money laundering and the use of firearms)", Cyberattacken, Straftaten gegen Personen, Drogendelikte, Betrug, Eigentumskriminalität und Umweltkriminalität auf (vgl. Europol 2021, S. 98).

Ein wesentlicher Wandel der letzten Jahre ist der Anstieg von Kriminalität im Cyberraum. Die Gewerkschaft der Polizei sah bereits 2012 deutliche Anhaltspunkte dafür, dass Cybercrime eine Form der internationalen Organisierten Kriminalität ist (vgl. Gewerkschaft der Polizei 2012, S. 4). Dies stellt aber auch keine neue Entwicklung dar. Dagobert Lindlau führte bereits 1989 kriminelle Hacker an, die Pro-

---

[4] Dieser Arbeit liegen redaktionell die Daten aus dem Bundeslagebild 2019 (veröffentlicht am 06.11.2020) zugrunde. Da das Bundeslagebild 2020 (veröffentlicht am 01.11.2021) weiterführende Angaben zum OK-Potential enthält wurden diese im Punkt 8.4.4 berücksichtigt.

gramme und Trojaner entwickeln um Daten zu verwüsten und Schutzgelderpressungen vorzubereiten (vgl. Lindlau 1989, S. 338). Der Einfluss der Digitalisierung auf die Organisierte Kriminalität wird auch bei Betrachtung aktueller Entwicklungen der Drogenkriminalität deutlich. So wandeln sich die Strukturen der Rauschgiftkriminalität. Der Handel verlagert sich immer weiter in das „Darknet" und die Bezahlung erfolgt mit Kryptowährungen (vgl. Schmidkonz 2020, S. 607).

Die zunehmende Zergliederung und Spezialisierung im Sinne eines „Crime-as-a-Service" (CaaS) wird im Bereich der Cybercrime deutlich. Inkriminierte Dienstleistungen werden auf einem globalen Markt angeboten und mit gezieltem Zukauf realisiert (vgl. Manske 2020, S. 235). So beschreibt Wil van Gemert, der damalige stellvertretende Direktor von Europol, die Möglichkeit von kriminellen Organisationen im Netz Service-Leistungen käuflich zu erwerben (vgl. Flach/ Reck 2018, S. 6). Europol beschreibt kriminelle Netzwerke, die lediglich lose Verbindungen haben und bei denen beispielsweise Money-Broker, Dokumenten-Fälscher, Hehler, Transport- und Logistikanbieter aber auch Finanz- und Rechtsberater eine Rolle spielen. Bei diesen verschwimmen die Grenzen zwischen Mitgliedschaft in einer kriminellen Gruppierung und dessen reiner Unterstützung (vgl. Europol 2021, S. 23). Diese Dienstleistungen können natürlich außerhalb der eigenen Netzwerke vorgehalten und durch verschiedene unabhängige kriminelle Gruppierungen genutzt werden, was die hohe Spezialisierung, Professionalisierung und Arbeitsteilung von OK-relevanten Gruppierungen aufzeigt.

Ein aktuelles Phänomen ist die Kriminalität von Mitgliedern ethnisch abgeschotteter Subkulturen (sog. Clankriminalität). Zu diesem Phänomen werden seit 2018 Daten für das Bundeslagebild OK erhoben (vgl. BKA 2020, S. 30). Die Unklarheit des OK-Begriffes zeigt sich bei der aktuellen Diskussion zu diesem Phänomen an zwei Stellen. Zwar weisen die Deliktsbreite, der internationale Aktionsraum und die Arbeitsteilung auf Organisierte Kriminalität hin (vgl. Dienstbühl 2021, S. 71), allerdings sind nicht alle Delikte als OK zu werten und das Aufkommen muss fallspezifisch differenziert werden (vgl. ebd., S. 77). Der Begriff der Clankriminalität bzw. des Clans ist ebenfalls nicht verbindlich definiert (vgl. BKA 2020, S. 30 f).

Die aktuellen OK-Erscheinungen greifen auch das Tagesgeschehen auf, was die hohen Anpassungsmöglichkeiten belegt. So zeigt Europol im aktuellen SOCTA-Report 2021 anhand der Pandemie zum einen die schnelle Anpassungsfähigkeit von OK-relevanten Gruppierungen und zum anderen die pandemiebedingte Vulnerabilität von Firmen bspw. hinsichtlich Übernahmen mittels Investitionen von inkriminiertem Kapital auf (vgl. Europol 2021, S. 94 ff). Hinsichtlich des ökologischen Wandels zeigt der SOCTA-Report ebenfalls auf, wie der Übergang zu einer weniger ressourcenintensiven und umweltverträglicheren Lebensweise alle Aspekte von Wirtschaft, Gesellschaft und Technologie berührt. Die Einschätzung erfolgt dahin, dass Straftäter versuchen werden mit komplexen Betrugsprogrammen hinsichtlich Investitionen, Energie aber auch „grünen“ Zertifizierungen Profit zu generieren (vgl. ebd., S. 92). Die illegale Ausbeutung von natürlichen Ressourcen wie etwa Mineralien, Wäldern und Gewässern ist häufig verbunden mit anderen illegalen Handlungen wie Korruption und systematischer Gewaltanwendung (vgl. Boekhout van Solinge 2019, S. 514). Ein weiterer Schlüsselfaktor wird der Abfallsektor werden, in denen Straftäter ihre Aktivitäten steigern werden. Ernährungssicherheit und Lebensmittelsicherheit, aber auch Umweltkriminalität mit erheblichen Auswirkungen auf die Biodiversität (wie illegaler Fischfang, illegale Rodungen und Wilderei) sind schwer aufzudecken und werden so für OK-relevante Gruppierungen attraktiv. Der Betrug im Zusammenhang mit Lebensmitteln und der Vertrieb von gefälschten Produkten und Getränken wird zunehmen, was zu einem Rückgang des Verbrauchervertrauens führen und erheblichen gesellschaftlichen Schaden anrichten kann (vgl. Europol 2021, S. 92). Gleiches gilt für den Bereich des Gesundheitswesens, in dem in Deutschland jährlich Milliarden umgesetzt werden. Hier sind OK-relevante Gruppierungen seit Jahren aktiv und werden ihre Aktivitäten sicherlich steigern. Dieses sind jedoch keine neuen Phänomene, bereits Alfred Stümper benannte den „Abfalltourismus“ als neuen Weg der Organisierten Kriminalität (vgl. Stümper 1993, S.32). Stümper führt diesbezüglich ebenfalls Manipulationen wie Falschdeklarationen und Umetikettierungen im Lebensmittelbereich aber auch den Bereich des Gesundheitswesens auf (vgl. ebd., S. 49).

Die Deliktsfelder der OK zeigen insgesamt über Jahrzehnte eine hohe Konstanz. Deutlich wird aus der historischen Entwicklung, dass OK mit der Zeit geht und extrem anpassungsfähig ist und eine sehr hohe Spezialisierung erreicht. Eine weitere Konstanz der letzten Jahrzehnte ist die teilweise lose Zusammenarbeit von Täterverflechtungen im Sinne einer Netzstruktur, die um Elemente des Crime-as-a-Service erweitert wurde. Nachdem wesentliche Phänomene zur OK-Entwicklung dargestellt wurden, sollen daran anschließend die wesentlichen kriminalpolitischen Forderungen und Reaktionen nachgezeichnet werden.

2.2 Kriminalpolitische Forderungen und Reaktionen

Es können hier nur einzelne kriminalpolitische Forderungen und Reaktionen mit Bezug zur Organisierten Kriminalität aufgezeigt werden. Bereits aus den Schilderungen zur historischen OK-Entwicklung wird das Wechselspiel zwischen OK und staatlichen Maßnahmen deutlich. So verloren die mittelalterlichen Räuberbanden ihre Bedeutung nachdem die modernisierten Staaten im 19. Jahrhundert ihre Politik änderten (vgl. Küther 1987, S. 148 f.) und die Polizei effizienter arbeitete (vgl. Sieler 2007, S. 7). Die Ringvereine wurden zur Zeit des Nationalsozialismus offiziell verboten und konnten in der Nachkriegszeit keinen Fuß mehr fassen (vgl. ebd., S. 6 f).

Zu Beginn der Diskussion, hinsichtlich der Existenz von Organisierter Kriminalität zu Beginn der 1970er Jahre, war eine der ersten Forderungen die Durchbrechung der traditionell scharfen Trennung von Polizei- und Strafprozessrecht (vgl. Kinzig 2004, S. 130). So zeigt die historische Betrachtung, dass zunächst von polizeilicher Seite eine neue strategische Ausrichtung gefordert wurde, die zunächst im Polizeirecht wirkt und dann ins Strafprozessrecht ausstrahlt (vgl. ebd. S. 88). Alfred Stümper war der Meinung, dass die moderne Verbrechensbekämpfung der kriminellen Aktion zuvorkommen muss. Sie soll sich auf die kriminelle Logistik richten und gegen deren Zentren vorgehen. Die Verbrechensbekämpfung soll repressiv und präventiv wirken und beide kriminalpolitischen Ziele auf einer höheren Ebene zusammenführen (vgl. Stümper 1993, S. 83 ff). So waren die zwei wichtigsten Eckpfeiler der politischen Agenda die Notwendigkeit von verdeckten Maßnahmen und die Verankerung im Polizeirecht (vgl. Kinzig 2004, S. 89 f).

Alfred Stümper forderte, dass in einem ersten Schritt das Vorfeld mit seinen kriminalitätsauslösenden und -fördernden Faktoren zu erfassen wäre (vgl. Stümper 1993, S. 81). Im Fokus standen Maßnahmen der vorbeugenden Verbrechensbekämpfung, insbesondere operative Maßnahmen der Informationsgewinnung, die typischerweise heimlich und verdeckt durchgeführt werden (vgl. Jahnes 2010, S. 17). Diese wurden zunächst ohne gesetzliche Grundlagen durchgeführt, sind jedoch heute als vorbeugende Straftatenbekämpfung in den Polizeigesetzen der Länder geregelt. Ausschlaggebend hierfür war das „Volkszählungsurteil“ des Bundesverfassungsgerichtes vom 15.12.1983 (BVErfGE 65,1), wonach der Einzelne die Befugnis hat über seine persönlichen Daten selber zu entscheiden, wobei dieses Recht nicht schrankenlos gewährt wird. In der Konsequenz bedürfen auch Maßnahmen der vorbeugenden Verbrechensbekämpfung einer gesetzlichen Grundlage (vgl. Jahnes 2010, S. 15). Das Volkszählungsurteil führte zu einer umfangreichen Erneuerung der Polizeigesetze, bei denen besondere Mittel der Datenerhebung neu aufgenommen bzw. fortgeschrieben wurden (vgl. ebd., S. 39). Diese zunächst erfolgte Verankerung im Polizeirecht wurde jedoch auch mit Zeitverzug im Strafprozessrecht fortgeschrieben.

Eine wesentliche gesetzliche Grundlage zur OK-Bekämpfung war das „Gesetz zur Bekämpfung des illegalen Rauschgifthandels und anderer Erscheinungsformen der Organisierten Kriminalität" (OrgKG, BGBl. 1992 Teil I Nr. 34 vom 22.07.1992, S. 1302 ff.) vom 15.07.1992. Dieses verfolgt inhaltlich vor allem drei Bereich: die Ermöglichung verdeckter Maßnahmen, die Einführung von Bandendelikten bzw. der gewerbsmäßigen Begehung von Straftaten und der Blick auf finanzielle Mittel.

In der StPO wurden die Ermittlungsmaßnahmen der Rasterfahndung, Einsatz Verdeckter Ermittler, Maßnahmen der Aufzeichnung des nichtöffentlich gesprochenen Wortes (sog. Lauschangriff) und Ausschreibung zur polizeilichen Beobachtung eingeführt (vgl. Gropp/ Schubert et al. 2001, S. 81 f). Systematisch erfolgten mit dem OrgKG Strafverschärfungen in den Bereichen Bandendiebstahl und der bandenmäßig begangenen Betäubungsmittelkriminalität sowie der Einführung des Tatbestandes der schweren Bandenhehlerei im StGB (vgl. Sieler 2007, S. 111). Das OrgKG setzt sich auch mit der Abschöpfung illegaler Gewinne auseinander und stellt die Geldwäsche unter Strafe (vgl. Bögel 1994, S. 33 f). Dem liegt der Gedanke zu Grunde, dass bei klassischen personenbezogenen Ermittlungen Gruppierungen nicht im Kern getroffen werden und die kriminellen Strukturen das inkriminierte Kapital weiter nutzen können (vgl. Menninghaus 2020, S. 20). Dies zeigt die Systematik der OK-Bekämpfung im Rahmen von Bandendelikten und nicht als eigenständigen Straftatbestand. Der Gesetzgeber bekämpft OK strategisch durch eine neue bzw. stärkere Ahndung der bandenmäßigen Begehungsweise bei einer Vielzahl von Straftaten (vgl. Kinzig 2004, S. 171). Die bandenmäßige Begehung ist kein strafbegründendes, sondern ein strafverschärfendes Merkmal.

An das OrgKG schlossen sich noch weitere Änderungen mit OK-Bezug an. Der Gesetzgeber blieb bei seiner strategischen Ausrichtung. Er verabschiedete das „Geldwäschegesetz" (GWG, BGBl. 1993 Teil I Nr. 56 vom 29.10.1993, S. 1770 ff.) und konzentrierte sich weiter auf die finanziellen Gewinne entsprechender Straftaten. Das „Verbrechensbekämpfungsgesetz" (VerbrBekG, BGBl. 1994 Teil 1 Nr. 76 vom 04.11.1994, S. 3186 ff.) folgte dieser strategischen und strukturellen Ausrichtung weiter. Durch das VerbrBekG wurden vorhandene Instrumentarien wie die Vermögensstrafe und der erweiterte Verfall, die Geldwäsche, die Telefonüberwachung und die Erweiterung der Kronzeugenregelung bei organisiert begangenen Straftaten modifiziert, jedoch auch neue Straftatbestände normiert. Hierzu gehören insbesondere das gewerbs- und bandenmäßige Einschleusen von Ausländern gem. §§ 92a, 92b Ausländergesetz (vgl. Gropp/ Schubert et al. 2001, S. 81 f).

Hinsichtlich heimlicher bzw. verdeckter Maßnahmen erfolgten weitere Veränderungen. Durch die „Fernmeldeverkehr-Überwachungs-Verordnung“ (FÜV, BGBl. 1995 Teil 1 Nr. 26 vom 24.05.1995, S. 722 ff.) wurden die Betreiber von Mobilfernmeldeanlagen verpflichtet eine Überwachung und Aufzeichnung zu ermöglichen. Durch das „Gesetz zur Verbesserung der Bekämpfung der Organisierten Kriminalität“ (BGBl. 1998 Teil 1 Nr. 25 vom 08.05.1998, S. 845 ff.) wurde der Anwendungsbereich der Geldwäsche erweitert, eine strafprozessuale Grundlage für die akustische Wohnraumüberwachung (sog. großer Lauschangriff) eingeführt und ein Informationsverbund zwischen Strafverfolgungs- und Finanzbehörden hergestellt (vgl. Gropp/ Schubert et al. 2001, S. 82 f). Die Maßnahmen hinsichtlich der Vermögensabschöpfung und des Verfalls bzw. der Einziehung entwickelten sich immer weiter. Mit dem „Gesetz zur strafrechtlichen Vermögensabschöpfung“ wurde die Unterscheidung zwischen Verfall und Einziehung zum 01.07.17 hinfällig und im § 73 StGB als Einziehung zusammengeführt (vgl. Menninghaus 2020, S.29).

Diese beiden strategischen Ansätze hinsichtlich der Aufnahme von heimlichen und verdeckten Ermittlungsmaßnahmen und des Ansatzes der Abschöpfung bzw. des Verfalls illegaler Gewinne und Transaktionen setzte sich weiter durch und wurde durch den Gesetzgeber in seinen Wesenszügen nicht geändert. Es ist klar, dass sich neue Kriminalitätsformen der modernen Infrastruktur bedienen und dem mit neuen Ermittlungsmethoden begegnet werden muss (vgl. Schaefer 1986, S. 43). In den letzten zwanzig Jahren hat sich diese Entwicklung noch erheblich verstärkt. So haben das Internet und weiter entwickelte Technologien und soziale Medien nicht nur wirtschaftliche und soziale Zusammenhänge verändert, sondern auch die Umgebung, in der Polizei agiert (vgl. Rüdiger/ Bayerl 2018, S. 11). Die Kommunikation verlagert sich immer mehr in das Internet, was natürlich auch für OK-relevante Gruppierungen gilt.

Mit dem „Gesetz zur effektiveren und praxistauglicheren Ausgestaltung des Strafverfahrens“ (BGBl. 2017 Teil 1 Nr. 58 vom 23.08.2017, S. 3202 ff.) wurden insbesondere Regelungen zur Quellen-TKÜ modifiziert und die Online-Durchsuchung normiert. Im Rahmen einer „Quellen-TKÜ“ gem. § 100a Abs. 1 Satz 2 StPO werden Programme zur Überwachung von Telefongesprächen, die über das Internet mittels Voice-over-IP-Kommunikation geführt werden, legitimiert (vgl. Czerner 2017, S. 286). Im Jahr 2019 gab es in Deutschland 31 richterlich angeordnete Maßnahmen von denen drei tatsächlich durchgeführt wurden (vgl. Bundesamt für Justiz 2021, S. 1). Die Online-Durchsuchung dient der Suche nach Inhalten mit Verfahrensrelevanz, die sich auf Datenträgern befinden, die nicht den Strafverfolgungsbehörden vorliegen, aber durch Kommunikationsnetze erreichbar sind und durch die Installation von Entschlüsselungs- bzw. Kopierprogrammen ausgespäht werden sollen (vgl. Czerner 2017, S. 288). Diese Regelungen zeigen den ständigen Bedarf zur Modifizierung oder Schaffung neuer Rechtsnormen für die OK-Bekämpfung. Letztendlich wird infolge fortschreitender neuer technischer Möglichkeiten das Recht zumeist zeitlich den strafprozessualen Maßnahmen für Sicherung und Auswertung von möglichen Beweismitteln „hinterherhinken“. Dieses wird die Frage nach einschlägigen gesetzlichen Grundlagen und deren Voraussetzungen zur Verwertung der Erkenntnisse immer wieder aufwerfen (vgl. Czerner 2017, S. 265). Eine aktuelle Entwicklung ist die Überwachung verschlüsselter Kommunikation durch Strafverfolgungsbehörden, wie sie in den Jahren 2020 und 2021 durch verschiedene europäische Polizeibehörden in Kooperation mit Europol initiiert wurde (vgl. Europol 2021, S. 33). Hierzu findet in Deutschland momentan eine Diskussion über die rechtliche Zulässigkeit dieser Maßnahmen statt, die in absehbarer Zeit höchstrichterlich entschieden werden wird.

Die internationale Zusammenarbeit bei der Überwachung von verschlüsselter Kommunikation kann den Bogen zur durchgehenden kriminalpolitischen Forderung nach verstärkter internationaler Zusammenarbeit spannen. Bereits auf der ersten deutschen Tagung zur Organisierten Kriminalität 1973 beschrieb der Leiter des Zollkriminalinstitutes Köln, Nikolaus Haberland, das Erfordernis einer Zusammenarbeit mit dem Ausland und der Nutzung der zwischenstaatlichen Rechtshilfe als neue Maßnahme zur OK-Bekämpfung (vgl. Haberland 1973, S. 99). Da in Deutschland OK im Wesentlichen international und grenzüberschreitend geprägt war (vgl. Schelter 2000, S. 16), wurde die Forderung nach internationaler Zusammenarbeit im Rahmen der Diskussion über Organisierte Kriminalität durchgehend aufgegriffen. Die EU hat die Organisierte Kriminalität als Bedrohung identifiziert und versucht dieser präventiv als auch institutionell zu begegnen (vgl. Sinn 2006, S. 503). Zum einen wachsen die Staaten der EU immer weiter zusammen, zum anderen entwickelt sich ein kriminalgeographischer Raum mit international organisierter Kriminalität.

Diesem wird ein Sicherheitspaket entgegengestellt, welches Maßnahmen zur Kontrolle der Außengrenze, das Fahndungssystem „Schengener Informationssystem", die Harmonisierung des Drogen- und Waffenrechts, aber auch Regelungen zur (grenz-) polizeilichen Zusammenarbeit enthält (vgl. Schelter 2000, S. 15). Internationale Maßnahmen wirken seit Jahrzehnten auf die OK-Bekämpfung in Deutschland und werden eine immer größere Relevanz bekommen. Eine herausragende institutionelle Maßnahme war die Schaffung von Europol am 01.07.1999 (vgl. Sinn 2006, S. 508).

Zu den bewährten Methoden im Vorgehen gegen OK-Gruppierungen gehört mittlerweile die Gründung von Gemeinsamen Ermittlungsgruppen/ Joint Investigation Teams (JITs) auf Grundlage von Art. 13 EU-Rechtshilfeübereinkommen (vgl. Sinn 2016, S. 69). Die Zusammenarbeit in JITs bieten den Vorteil, dass Ermittlungsmaßnahmen koordiniert, Erkenntnisse unmittelbar ausgetauscht und Beweismittel in einem vereinfachten Rechtshilfeverfahren ausgetauscht werden können. Die notwendige enge Zusammenarbeit von Strafverfolgungsbehörden wird so gefördert (vgl. Kleinschmidt 2021, S. 312). Die Unterzeichnung zur Einrichtungsvereinbarung erfolgt durch die zuständige Staatsanwaltschaft, zuvor ist das Einvernehmen mit dem Bundesamt für Justiz nötig. Durch die Einrichtung eines JIT wird eine Kompetenz des Bundes auf die Mitglieder des JIT verlagert. Diese Verlagerung von Kompetenzen vom Bund auf die Länder ist eine weitere kriminalpolitische Forderung. Diese wird im Bereich der polizeilichen und justiziellen Zusammenarbeit immer weiter umgesetzt. Hierzu gehört auch die Möglichkeit das Kommunikationssystem SIENA[5] sukzessive den Bundesländern im Rahmen eines Roll-Out zur Verfügung zu stellen, um Informationen mit ausländischen Behörden und internationalen Organisationen direkt auszutauschen (vgl. Schröder 2018, S. 694).

Deutlich wird insgesamt, dass im Rahmen kriminalpolitischer Forderungen und Reaktionen hinsichtlich OK die Organisation Polizei als Auslöser eine entscheidende Rolle spielt. So wurden häufig polizeiliche Forderungen durch den Gesetzgeber aufgegriffen und umgesetzt. Es erfolgt also eine kriminalstrategischer bottom-up Prozess. Hierbei gibt es mehrere Entwicklungslinien, die kontinuierlich fortentwickelt wurden und den Schwerpunkt rechtlicher Instrumente darstellen. Dies ist zum einen die Verfolgung im Rahmen von banden- bzw.

---

[5] SIENA (Secure Information Exchange Network Application): Von Europol zur Verfügung gestelltes Kommunikationssystem zur sicheren Kommunikation zwischen Strafverfolgungsbehörden der EU-Mitgliedstaaten und weiteren Staaten/ Kooperationspartnern.

gewerbsmäßiger Tatbegehung, die Weiterentwicklung von Instrumenten der Vermögensabschöpfung, Geldwäsche und Finanzermittlungen sowie die Weiterentwicklung von verdeckten und heimlichen Maßnahmen, die insbesondere an technische Entwicklungen gekoppelt sind. Die Stärkung internationaler Zusammenarbeit ist eine weitere durchgehende Entwicklungslinie, die sich mit der europäischen Einigung, Globalisierung und Digitalisierung fortgeschrieben hat. Allerdings bleibt bisher offen, welches Begriffsverständnis der OK-Bezeichnung zugrunde liegt und wie sich dieser Begriff entwickelte. Dieses soll im folgenden Abschnitt nachgezeichnet werden.

3. Definition des Begriffes der Organisierten Kriminalität in Deutschland

3.1 Entwicklung zur gültigen Arbeitsdefinition

Die Schwierigkeit Organisierte Kriminalität zu beschreiben und von anderen Straftaten abzugrenzen resultiert daraus, dass nicht ein bereits vorhandener Gegenstand eindeutig beschrieben wird, sondern über die Definition ein Gegenstand geschaffen oder begreifbar gemacht werden soll (vgl. Pütter 1998, S. 284). So war es lange Zeit umstritten, ob es in Deutschland überhaupt OK gibt, wobei die Antwort sich über das jeweilige Verständnis definiert. Die Vielzahl der Erscheinungsformen macht eine Definition des Phänomens schwierig (vgl. Schwind 1986, S. 17). Die Diskussion fand zunächst überwiegend im polizeilichen Rahmen und den Zeitschriften „Die Polizei" und „Kriminalistik" statt (vgl. von Lampe 2019, S. 23 f). In den 1970er Jahren wurden polizeiliche Überlegungen angestellt, ob der amerikanische Begriff „organized crime" und das dazugehörige Konzept auf Deutschland übertragbar sei (vgl. Wessel 2001, S. 44). Deutsche Kriminologen waren sich seinerzeit über den OK-Begriff dahingehend einig, dass darunter

„(...) eine strukturierte Form geschäftsmäßiger Deliktsbegehung durch eine nach ökonomischen Gesichtspunkten errichtete Geschäftsorganisation zu verstehen ist. Besonders herausgestellt wird dabei die verfestigte Organisationsstruktur. Die deutsche Kriminologie lehnt sich damit an die amerikanische Beschreibung der ‚organized crime' an, die von syndikatsähnlichen Verbrechensorganisationen ausgeht" (Bögel 1994, S. 40).

Der OK-Begriff wurde durch drei aufeinanderfolgende Definitionen, welche von unterschiedlichen Arbeitsgruppen erarbeitet wurden, geprägt (vgl. Sieler 2007, S. 18 f). Diese Entwicklung wird im folgenden Teil dargestellt.

3.1.1 Definition nach der Fachkommission der AG Kripo (1974)

Die Diskussion der 1970er Jahre zum OK-Begriff wurde von einigen leitenden Polizeibeamten um den damaligen Berliner Kriminaldirektor Otto Boettcher bestimmt (vgl. von Lampe 2019, S. 29). Bei der in der damaligen Polizeiführungsakademie (PFA) vom 13.-15.02.1973 abgehaltenen Tagung zur Organisierten Kriminalität warf dessen Leiter

Otto Rückert in seiner Eröffnungsrede die Frage auf, ob die Polizei es in Deutschland mit Organisierter Kriminalität im Sinne amerikanischer Erscheinungsformen zu tun habe (vgl. Rückert 1973, S. 6). In seinem Vortrag gab Otto Boettcher zum Begriff „Organisiertes Verbrechertum“ an, dass die Bedeutung des Ausdrucks keinesfalls feststehen würde. Er verwies darauf, dass es selbst nach US-Fachleuten schwierig sei „organisiertes Verbrechen“ zu definieren (vgl. Boettcher 1973, S. 11). Auffällig ist, dass eine Tagung mit polizeilichen Führungskräften [6] zum Thema Organisierte Kriminalität durchgeführt wurde, es jedoch noch keine festlegende Definition gab.

Die AG Kripo setzte im Dezember 1973 eine Arbeitsgruppe unter der Leitung von Otto Boettcher ein, welche unter anderem die Aufgabe hatte eine Definition des OK-Begriffs zu erarbeiten (vgl. von Lampe 2019, S. 29). Diese Arbeitsgruppe einigte sich 1974 auf die folgende Definition, die vom damaligen Abteilungspräsident des BKA Karl-Heinz Gemmer im öffentlichen Tagungsband zur Arbeitstagung „Organisiertes Verbrechen“, die vom 21.-25.10.1974 stattfand, wie folgt zitiert wird:

„Der Begriff der organisierten Kriminalität umfasst Straftaten, die von mehr als zweistufig gegliederten Verbindungen oder von mehreren Gruppen in arbeitsteiligem Zusammenwirken begangen werden, um Gewinne zu erzielen oder Einfluß im öffentlichen Leben zu nehmen“ (Gemmer 1975, S. 10).

Diese Definition wird durch die drei Komponenten, wonach die Gruppierung mehr als zweistufig sein muss („Akteur“), die Straftatenbegehung im arbeitsteiligen Zusammenwirken erfolgen muss („Tätigkeit“) und die Gewinnerzielung oder Einflussnahme auf das öffentliche Leben („Ziel“) beabsichtigt sein muss, geprägt (vgl. Kinzig 2004, S. 52). Die Definition schließt ebenfalls terroristische Straftaten nicht aus. Die Definition macht Organisierte Kriminalität zu einem Oberbegriff für gruppenweise begangene Kriminalität, welche eine höhere Qualität als reine Bandenkriminalität besitzt (vgl. Sieber/ Bögel 1993, S. 29). Die Definition wurde jedoch nicht durch die AG Kripo bestätigt, was in erster Linie am Veto Bayerns lag. Das Thema wurde auf unbestimmte Zeit vertagt, jedoch wurden die Landeskriminalämter aufgefordert OK-Erkenntnisse an das BKA zur Erstellung eines jährlichen

[6] Hinsichtlich der deutschen Teilnehmer war lediglich Bremen durch Vertreter der Staatsanwaltschaft Bremen vertreten. Vertreter der Justizbehörden des Bundes und weiterer Bundesländer sind der Teilnehmerliste nicht zu entnehmen.

Lagebildes zu übermitteln (vgl. von Lampe 2019, S. 31). Das Ergebnis war jedoch wenig zufriedenstellend da weiterhin unterschiedliche Auffassungen hinsichtlich der OK-Definition vorlagen (vgl. Sieber/ Bögel 1993, S. 29). So meldeten die Bundesländer Bayern, Baden-Württemberg, Niedersachsen, Rheinland-Pfalz und Schleswig-Holstein über keine einschlägigen Erkenntnisse zu verfügen (vgl. von Lampe 2019, S. 32), während andere Bundesländer erhebliche OK-Betätigungen vermeldeten (vgl. Sieber/ Bögel 1993, S. 29). Die Diskussion um Organisierte Kriminalität stoppte dann Mitte der 1970er Jahre.

Interessant ist, dass zunächst keine einheitliche Definition festgelegt wurde, aber ein bundesweites Lagebild erstellt werden sollte. Diese Situation weist parallelen zur heutigen Diskussion zur Clankriminalität auf. So existiert keine einheitliche Definition für den Begriff „Clan“, sowohl das BKA und die Landeskriminalämter NRW und Niedersachsen bieten Definitionsansätze (vgl. Dienstbühl 2021, S. 20 ff). Gleichwohl wurden Lagebilder zum Phänomen der Clankriminalität veröffentlicht und durch das BKA erfolgen seit 2018 Ausführungen zur Clankriminalität im Bundeslagebild Organisierte Kriminalität (vgl. ebd., S. 59 ff).

3.1.2 Definition nach dem ad hoc-Ausschuss des Arbeitskreises II der Innenministerkonferenz

Im Jahr 1979 wurde, auf Initiative der Arbeitsgemeinschaft Kripo (AG Kripo), vom Arbeitskreis II der Innenministerkonferenz (IMK) ein ad hoc-Ausschuss eingesetzt, der das Definitionsproblem beheben und traditionelle Kriminalität mit neuen Kriminalitätsformen vergleichen sollte (vgl. Sieler 2007, S. 18). Dem Ausschuss gehörten Vertreter des BKA, der Länderinnenministerien und des Bundesinnenministeriums an (vgl. Wessel 2001, S. 46). Dieser legte die folgende Definition vor:

„Dabei ist unter organisierter Kriminalität (OK) nicht nur eine mafiaähnliche Parallelgesellschaft i.S. des organized crime zu verstehen, sondern ein arbeitsteiliges, bewußtes und gewolltes, auf Dauer angelegtes Zusammenwirken mehrerer Personen zur Begehung strafbarer Handlungen - häufig unter Ausnutzung moderner Infrastrukturen - mit dem Ziel, möglichst schnell hohe finanzielle Gewinne zu erreichen“ (Innenministerkonferenz, Arbeitskreis II, ad hoc-Ausschuss der AG Kripo 1983, S. 17 f).

Die Begriffsbestimmung hielt daran fest, dass Organisierte Kriminalität als Oberbegriff und „organized crime“ im Sinne einer mafiaähnlichen Parallelgesellschaft als eine spezielle Unterform zu sehen sei. Hauptkriterien der Definition waren eine Personenmehrheit, die Dauerhaftigkeit, eine Arbeitsteilung und die Gewinnorientierung. Ohne das Merkmal „strafbare Handlungen“ wären jegliche wirtschaftlichen Unternehmungen umfasst (vgl. Sieber/ Bögel 1993, S. 29 f). Reduzierungen zur Definition von 1974 erfolgten. So genügte ein arbeitsteiliges und auf Dauer angelegtes Zusammenwirken, eine Mehrstufigkeit („Akteur“) entfiel. Die Begehung strafbarer Handlungen war weiterhin ausreichend, es erfolgte keine Aufwertung („Tätigkeit“). Hinsichtlich der Einflussnahme auf das öffentliche Leben ist festzustellen, dass nun nur noch als Ziel die Erzielung hoher Gewinne erforderlich war (vgl. Kinzig 2004, S. 56). Diese Definition ermöglichte keine Unterscheidung von Bandenkriminalität, schloss aber politische Straftaten aus (vgl. Sieler 2007, S. 18 f). Sie setzte sich im polizeilichen Sprachgebrauch nicht durch, wurde aber hingenommen (vgl. von Lampe 2019, S. 34 f).

3.1.3 Arbeitsdefinition Organisierte Kriminalität seit 1990

Die bisherigen Definitionen konnten die Ansprüche nur unzureichend erfüllen, daher wurde die Definition weiterentwickelt (vgl. Wessel 2001, S. 46 f). Die Initiative ging 1989 von den Justiz- und Innenministern aus und nicht von der Polizei. Die Konferenzen von Innen- und Justizministern beschlossen, die OK-Verfolgung gemeinsam zu beraten. Durch die Gemeinsame Arbeitsgruppe Polizei/Justiz wurde der OK-Begriff neu definiert und in die Richtlinien für das Strafverfahren und das Bußgeldverfahren (RiStBV) als Anlage E aufgenommen. Die Definition wurde in kurzer Zeit und unter Rückgriff auf Definitionen aus ausländischen Abkommen und Gesetzen und Merkmalen der kriminalistischen Praxis entwickelt (vgl. von Lampe 2019, S. 35). Die Definition ist bis heute gültig und lautet wie folgt:

„Organisierte Kriminalität ist die von Gewinn- oder Machtstreben bestimmte planmäßige Begehung von Straftaten, die einzeln oder in ihrer Gesamtheit von erheblicher Bedeutung sind, wenn mehr als zwei Beteiligte auf längere oder unbestimmte Dauer arbeitsteilig

c) unter Verwendung gewerblicher oder geschäftsähnlicher Strukturen,

d) unter Anwendung von Gewalt oder anderer zur Einschüchterung geeigneter Mittel oder

c) unter Einflussnahme auf Politik, Medien, öffentliche Verwaltung, Justiz oder Wirtschaft

zusammenwirken" (BMJV 2018)

Diese OK-Definition spielt seit 1990 die herausragende Rolle in Deutschland. Sie bestimmt nicht nur die kriminalpolitische Diskussion, sondern ist die Grundlage für die Erstellung des OK-Lagebildes des BKA (vgl. Kinzig 2004, S. 57). Sie versucht alle in Betracht kommende Merkmale zu erfassen, was jedoch zu einer großen Unbestimmtheit des Begriffs führt (vgl. Sieler 2007, S. 19). Die Definition besteht aus zwei Teilen, den allgemeinen und den speziellen Merkmalen (vgl. Freiberg/ Thamm 1992, S. 113). Zur Klassifizierung einer Handlung als Organisierte Kriminalität müssen alle generellen Merkmale und mindestens eines der speziellen Merkmale (a-c) aus der obigen Definition gegeben sein (vgl. Sinn 2016, S. 5 f). Die Definition stellt, wie die Definition des ad hoc-Ausschusses, nur geringe Anforderungen an die Täterstruktur, zur Begründung reichen mindestens drei Personen die mehr oder weniger geordnet zusammenarbeiten, sofern eines der drei speziellen Merkmale gegeben ist. Aus der Definition von 1974 ist allerdings die Einflussnahme auf das öffentliche Leben wieder aufgeführt. Erstmalig tauchen die Verwendung gewerblicher und geschäftsähnlicher Strukturen und die Einschüchterung und Gewalt als Abgrenzungskriterien auf. Ebenfalls wird der Bezugsrahmen dahingehend ausgedehnt, dass nicht nur profitorientiertes Handeln einbezogen wird, sondern auch Handlungen die durch Machtstreben dominiert werden (vgl. von Lampe 2019, S. 36 f).

Die Zusammenführung verschiedener Alternativen zu einer Definition führte dazu, dass in den 1990er Jahren die Diskussion um das Spezifikum OK zurückging (vgl. Kinzig 2004, S. 58). Die Arbeitsdefinition ist bis heute starker Kritik ausgesetzt, was zum einen an der begrifflichen Unschärfe der verwendeten Merkmale liegt, zum anderen jedes im Strafrecht und den Strafnebengesetzen sanktionierte Verhalten potentiell unter den OK-Begriff fallen könnte, wenn die Täter- und Tatbesonderheiten erfüllt werden (vgl. Sinn 2016, S. 6). Im Weiteren werden einige wesentlichen Kritikpunkte an der Arbeitsdefinition OK aufgezeigt.

3.1.4 Kritik an der Arbeitsdefinition Organisierte Kriminalität

Ein wesentlicher Kritikpunkt der Definition liegt an der begrifflichen Unschärfe und den verwendeten Merkmalen (vgl. Sinn 2016, S. 6). Die Unschärfe der verschiedenen Begrifflichkeiten der Definition macht die Abgrenzung wertlos (vgl. Pütter 1998, S. 284). Diese Unschärfe steht im Widerspruch zu den potentiellen Gefahren der Organisierten Kriminalität und der großzügigen Definition, die dem Grundsatz der Verhältnismäßigkeit im Strafprozessrecht nicht genügen kann. Organisierte Kriminalität wird durch die Definition nicht ausreichend gegen die Rechtsfiguren des materiellen Strafrechts wie Bandenkriminalität abgegrenzt (vgl. Kinzig 2004, S. 61).

Die Definition beschreibt OK als einen unscharfen Begriff von eher kriminalpolitischer Herkunft, der den Strafverfolgungsbehörden eine große Definitionsmacht lässt, bei der sich die Strafverfolgung vor allem gegen Gruppen mit einem hohen und mittleren Organisationsgrad richtet die unter die Alternative „a) unter Verwendung gewerblicher oder geschäftsähnlicher Strukturen" fallen (vgl. Neubacher 2020, S. 205). Dieses zeigt sich auch im Bundeslagebild OK 2019, wonach 304 Verfahren ausschließlich nach dieser Alternative und weitere 241 in Kombination mit mindestens einer der beiden weiteren Alternativen geführt wurden (vgl. BKA 2020, S. 11). Im Ergebnis werden etwa 94 % aller OK-Verfahren gegen Gruppierungen geführt, die (auch) gewerbliche oder geschäftsähnliche Strukturen aufweisen. Die Verwendung der Alternative „a) unter Verwendung gewerblicher oder geschäftsähnlicher Strukturen" wurde eingeführt, da Parallelen zwischen illegalen Organisationen und legalen Wirtschaftsunternehmen hinsichtlich ähnlicher logistischer Strukturen existieren (vgl. Sieber 1997a, S. 48). Sie grenzt OK jedoch nur durch das allgemeine Merkmal der „Begehung von Straftaten" von klassischer legaler Wirtschaftstätigkeit ab (vgl. Kinzig 2004, S. 61). Daher muss für eine Zuordnung von Verfahren der Wirtschaftskriminalität zumindest eines der beiden anderen speziellen Merkmale vorliegen (vgl. Wessel 2001, S. 53).

Der Wortlaut der Arbeitsdefinition enthält sieben Oder-Verknüpfungen, was einer Abgrenzung nicht förderlich ist (vgl. Neubacher 2020, S. 205) und eine Vielzahl an unterschiedlichen Konstellationen ermöglicht (vgl. von Lampe 2019, S. 37). Die Einordnung wird durch unbestimmte Begriffe wie bspw. „erhebliche Bedeutung" und „längere Dauer" kompliziert. Deshalb setzen die Richtlinien auf weitere Umschreibungen die u.a. als relevant erachteten Kriminalitätsbereiche deliktisch auflisten und Indikatoren[7], die Anlass geben könnten, eine strafbare Handlung der OK zuzurechnen, aufführen (vgl. Neubacher 2019, S. 54 f). Diese Indikatorenlisten sollen im Sinne von Checklisten die OK-Relevanz bei Einzeldelikten analysieren. Die Indikatoren sollen Schwächen der Definition hinsichtlich ihrer Unbestimmtheit ausgleichen. Es bleibt jedoch die Frage der internen Validität der Indikatoren: ist ein logischer Rückschluss der Indikatoren auf den OK-Begriff bzw. den vorliegenden Sachverhalt möglich? Dieser Rückschluss ist nicht möglich, da nicht geklärt ist, welche und wie viele Indikatoren gegeben sein müssen. Insgesamt sind die OK-Indikatoren ungeeignet eine Zuordnung eines Sachverhaltes hinsichtlich einer OK-Relevanz zu belegen oder auszuschließen (vgl. Wessel 2001, S. 55 ff). Die Indikatoren können die Sensibilität des Betrachters erhöhen, nicht die Definition ersetzen (vgl. Sieler 2007, S. 35). Die Zuordnung der OK- Relevanz mittels Indikatoren ist nachhaltig vom Ermessen der Strafverfolgungsbehörden abhängig (vgl. Wessel 2001, S. 55 ff).

In der einschlägigen Literatur gibt es Modelle, die OK anhand von (vor allem logistikbezogenen) Indikatorenliste bewerten (vgl. Schwind/ Schwind 2021, § 30 Rn. 4). So beschreibt beispielsweise Schneider 1987 sieben kennzeichnende Merkmale, die sowohl die kriminelle Organisation als Institution erfasst, aber auch das „Organisieren“ umfasst (vgl. Schneider 1987, S. 51 ff). Schwind hat eine Indikatorenliste erstellt die 16 verschiedene Aspekte umfasst: Dauer (1), Kontinuität (2), straffen Führungsstil (3), längeres planmäßiges und arbeitsteiliges (mehrstufiges) Vorgehen (4), Betreiben illegaler Geschäfte (5), Nutzung von Verbindungen (6), konspiratives Täterverhalten (7), ständiger Wechsel logistischer Mittel (8), flexible Verbrechenstechnologie und Vielfalt in der Wahl der Verbrechensmethoden (9), Geldwäschehandlungen (10), Ausnutzung der Infrastruktur (11), Internationalität und Mobilität (12), Zeugenbeeinträchtigung (13), besondere Anwälte (14), Beibringung (gefälschten) Entlastungsmaterials (15) und Betreuung während der Haft (16) (vgl. Schwind 2011, § 29 Rn. 4; vgl. Schwind/ Schwind 2021, § 30 Rn. 4). In einem weiteren Ansatz hat Schwind nach gradueller und qualitativer Ausprägung und Zielsetzung der Gruppierungen unterteilt: die Bande als unterste Stufe der Verbrechensverübung, das organisierte Verbrechen ohne Mafiazielsetzung als mittlere Stufe und die Mafia bzw. mafiaähnliche Organisation als höchste Ausprägung (vgl. Schwind 1986,

[7] Die generellen Indikatoren zur Erkennung OK-relevanter Sachverhalte der Richtlinien für das Strafverfahren und das Bußgeldverfahren (RiStBV) Anlage E sind in der Anlage dieser Arbeit aufgeführt.

S. 18). Allerdings gestalten diese Indikatorenmodelle eine Beschreibung von OK nicht einfacher, sondern lediglich praktikabler. Die Unschärfe bleibt, da nicht festgelegt ist, wie viele der Indikatoren gegeben sein müssen. Ein nicht unerheblicher Teil der Indikatoren wird ebenfalls erst im späteren Stadium der Ermittlungen bzw. gar nicht sichtbar. Somit sind die Probleme vergleichbar mit denen der Definitionen.

Die Auswirkungen der unklaren Definition der Organisierten Kriminalität sind während der frühen Informationsbewertung und Verdachtsschöpfung gering. Oft wird erst in einem späten Stadium der Ermittlungen festgestellt, ob ein Verfahren der OK zuzuordnen ist oder nicht. Mittels der Definition wird aber frühzeitig über innerpolizeiliche und innerstaatsanwaltschaftliche Sonderzuständigkeiten entschieden (vgl. Pütter 1998, S. 285). Zu diesen Sonderzuständigkeiten gehören insbesondere spezielle OK-Staatsanwaltschaften. So führt eine Zuordnung neben der Begründung behördlicher Zuständigkeiten auch zu einer Schwelle für aufwendige Ermittlungsmaßnahmen und besonderer Informations- und Meldewege. Der Gesetzgeber hat die Pflicht Eingriffsmaßnahmen, die der OK-Bekämpfung dienen, von hinreichend bestimmten und die Eingriffe rechtfertigende Tatsachen abhängig zu machen (vgl. Kinzig 2004, S. 60). Es bleibt fraglich, ob die Arbeitsdefinition so klar ist, dass sie für strafprozessuale Eingriffsmaßnahmen hinreichend genug ist (vgl. Schwind/ Schwind 2021, § 30 Rn. 3a).

Die einheitliche Definition führt dazu, dass es überhaupt eine polizeiliche und innerhalb des Systems der Strafverfolgung anerkannte Definition gibt und die definitorische Qualität keine Rolle spielt (vgl. Pütter 1998, S. 286). Die unbestimmten Begriffe und Formulierungen in der Definition führen zwangsläufig zu einer Einschränkung der Bewertungsobjektivität und zu einer gewissen Beliebigkeit und Willkür (vgl. Wessel 2001, S. 53). Nach dreißig Jahren intensiver Bemühung ist es durch seine Vielseitigkeit und Komplexität nur bedingt gelungen, OK allgemein verbindlich, umfassend und praxistauglich zu definieren. Allerdings gibt es nur zwei Alternativen, wonach entweder die Bekämpfung bis zur Schaffung einer allgemein verbindlichen Definition ausgesetzt oder Begriffsstreitigkeit außen vorgelassen werden. Da die Existenz von OK Konsens ist, kriminologische Strukturelemente hinreichend bekannt sind und OK sich Veränderungen anpasst, muss die zweite Handlungsalternative gewählt werden (vgl. Sieler 2007, S. 31 f).

Ein Kritikpunkt der ebenfalls verstärkt aufgegriffen wird ist der Ausschluss von Terrorismus in der Arbeitsdefinition. So haben sich hybride Gruppen entwickelt, die sich nicht eindeutig in den Bereich OK oder Terrorismus einteilen lassen (vgl. Sinn 2016, S. 6 f). Dies ist keine neue Entwicklung, bereits zu Beginn der 1990er Jahre gab es Verdachtsmomente in Fällen kurdischer Schutzgelderpressungen zur Finanzierung von Aktivitäten der PKK, die den Nexus OK und Terrorismus zumindest indizierten (vgl. Anders 2006, S. 607 f). Der Europol SOCTA-Report 2021 benennt als überlappende Bereiche die Herkunft von Waffen, gefälschten Dokumenten, Finanzen und Überschneidungen bei der Rekrutierung neuer Mitglieder (vgl. Europol 2021, S. 25).

Ergänzend ist festzustellen, dass die Definition hinsichtlich krimineller Organisationsstrukturen der tatsächlichen Bandbreite gerecht wird, da sie praktisch keine Anforderungen stellt (vgl. von Lampe 2019, S. 45). Bei der Berücksichtigung von Einzeltätern, die im Sinne eines Crime-as-a-Service tätig werden, wird jedoch eine weitere Schwäche deutlich. Kriminelle Netzwerke haben teilweise lediglich lose Verbindungen. Money-Broker, Dokumenten-Fälscher, Hehler, Transport- und Logistik-Anbieter aber auch Finanz- und Rechtsberater spielen eine Rolle (vgl. Europol 2021, S. 23). Diese fallen jedoch bei der reinen Betrachtung einer Organisationsstruktur aus dem Raster.

Die Arbeitsdefinition OK ist die Grundlage für strategisch-polizeiliche und kriminalpolitischen Zwecke sowie die Erhebungsgrundlage des Bundeslagebildes OK (vgl. Sinn 2016, S. 5), die jedoch im juristischen Kontext keinen Erklärungswert besitzt (vgl. Kinzig 2004, S. 778). Daher soll im Folgenden der Begriff der OK im materiellen Recht betrachtet werden.

3.2 Definition im materiellen Recht

Der Begriff der Organisierten Kriminalität ist bei den Strafverfolgungsbehörden und im allgemeinen Sprachgebrauch etabliert (vgl. von Lampe 2017, S. 790). Die kriminalpolitisch motivierten Definitionen sind jedoch weder strafprozessual noch materiell strafrechtlich justiziabel (vgl. Göppinger 1997, S. 552). Das deutsche Strafrecht kennt den Straftatbestand Organisierte Kriminalität nicht (vgl. Wessel 2001, S. 65). Es nutzt hinsichtlich der Ahndung die Straftatbestände der Bildung einer kriminellen Vereinigung nach § 129 StGB, das Konzept der bandenmäßigen Begehung für eine Strafverschärfung bei besonders organisationsverdächtigen Straftaten und die gewerbsmäßige Begehung als straferhöhenden Umstand (vgl. Kinzig 2004, S. 163).

Der Straftatbestand der Bildung einer kriminellen Vereinigung gem. § 129 StGB wurde im Bundeslagebild OK für 2019 lediglich für zwölf Verfahren erfasst (vgl. BKA 2020, S. 6). Gemessen an der Zahl der Verurteilungen hat der Straftatbestand nur eine geringe Bedeutung, allerdings wird diese Norm vergleichsweise häufig zur Einleitung entsprechender Ermittlungsverfahren genutzt, da sie eingriffsintensive strafprozessuale Maßnahmen ermöglicht (vgl. Schäfer/ Anstötz 2021, § 129 Rn. 6; vgl. Brisach/ Maletz-Gaal 2018, S. 300). Am § 129 StGB wird allerdings auch der Einfluss europäischer Rechtsnormen deutlich. Der Rahmenbeschluss des EU-Rates vom 24.10.2008 war Teil der Harmonisierung zur OK-Bekämpfung auf EU-Ebene und wurde mit Neufassung des § 129 StGB in nationales Recht überführt. Inhaltlich erfolgte eine Absenkung der Anforderungen an den Vereinigungsbegriff und dessen Legaldefinition ab dem 22.7.17. So sollte es zumindest theoretisch leichter werden Ermittlungen gegen kriminelle Vereinigungen, also auch OK-relevante Gruppierungen, zu führen (vgl. Brisach/ Maletz-Gaal 2018, S. 300). Den objektiven Tatbestand verwirklicht, wer hinsichtlich einer Vereinigung deren Zweck oder Tätigkeit auf die Begehung bestimmter Straftaten gerichtet ist, eine der vier Tathandlungen begeht (Gründung, Mitgliedschaft, Werbung, Unterstützung) (vgl. Schäfer/ Anstötz 2021, § 129 Rn. 13). Im § 129 Abs. 2 StGB ist die Legaldefinition zur Vereinigung benannt:

„Eine Vereinigung ist ein auf längere Dauer angelegter, von einer Festlegung von Rollen der Mitglieder, der Kontinuität der Mitgliedschaft und der Ausprägung der Struktur unabhängiger organisierter Zusammenschluss von mehr als zwei Personen zur Verfolgung eines übergeordneten gemeinsamen Interesses.“

Die Legaldefinition zur Vereinigung enthält die vier Elemente: Personenzahl (mindestens drei), ein organisatorisches Element mit einem Mindestmaß an fester Organisation, ein übergeordnetes gemeinsames Interesse und eine zumindest auf längere Dauer angelegte zeitliche Komponente (vgl. Schäfer/ Anstötz 2021, § 129, Rn. 15 ff). Ein Vergleich der Zahlen aus den Bundeslagebildern OK ergibt, dass 2019 zwölf Verfahren (vgl. BKA 2020, S. 6), 2018 sieben Verfahren (vgl. BKA 2019, S. 5) und 2017 ein Verfahren (vgl. BKA 2018, S. 5) wegen der Bildung einer kriminellen Vereinigung zum Bundeslagebild

OK gemeldet wurden.[8] Dieses zeigt eine positive Entwicklung, allerdings auf sehr niedrigem Niveau.

Im Unterschied zur Bande stehen kriminelle Vereinigungen unter Strafe, die wegen ihrer innewohnenden eigenspezifischen Gruppendynamik und ihrer auf die Begehung von Straftaten angelegte innere Struktur besonders gefährlich sind. Im Bereich der Organisierten Kriminalität wird der Nachweis und die Offenlegung der Gruppenstruktur aber nur selten gelingen, da diese nicht offen, sondern unter Verdeckung ihrer inneren Struktur und Zusammenhänge arbeitet (vgl. Wörner/ Wörner 2006, S. 86 f). Der Bandenbegriff ist rechtshistorisch mit Assoziationen an eine körperliche Struktur der betreffenden Gruppierung, andererseits auch an eine geschäfts-, berufs- und gewerbsmäßigen Begehung verknüpft und findet sich seit Jahrhunderten in deutschen Rechtsgrundlagen. Bereits im Jahr 1794, also zur Zeit der zuvor skizzierten mittelalterlichen Räuberbanden, wurde eine analoge Beschreibung im § 1209 des Allgemeinen Landrechts des preußischen Staates aufgeführt (vgl. Kinzig 2004, S. 172 f). Die explizite Aufnahme des Begriffes „Bande“ erfolgte 1969 im neuen § 244 Abs. 1 Nr. 3 StGB und drei Jahre später im Betäubungsmittelstrafrecht. Eine Zäsur des Bandenstrafrechts bildete, wie im vorherigen Kapitel zur historischen Entwicklung aufgeführt, die Einführung des OrgKG im Jahr 1992. Mit der Einführung des OrgKG hat der Gesetzgeber das gewerbsmäßige Handeln, teilweise gekoppelt mit der bandenmäßigen Begehung, als einen Anknüpfungspunkt für mehrere Strafverschärfungen geschaffen. Mit der banden- und der gewerbsmäßigen Begehung sollte jeweils ein organisationsverdächtiges Merkmal herausgegriffen werden um einen großen OK-Bereich zu erfassen (vgl. ebd., S. 202 ff).

Mit der Einführung des OrgKG im Jahr 1992 erschien der Begriff der „Organisierten Kriminalität“ in der Gesetzesüberschrift, wobei er im Gesetzestext nicht mehr erschien. Im OrgKG wird nicht aufgeführt, was unter Organisierter Kriminalität zu verstehen ist. Es werden lediglich Deliktsgruppen und die bandenmäßige Begehungsform verknüpft (vgl. Wessel 2001, S. 65). Allerdings hat der Deutsche Bundestag sich in der Begründung zum OrgKG inhaltlich der Arbeitsdefinition aus dem Jahr 1990 weitestgehend angeschlossen. Die Aufnahme des Begriffes „organisierte Begehungsweise“ wurde unter Verweis auf die Überschneidung mit bandenmäßig begangenen Delikten und der Straftatenbegehung von einer kriminellen Vereinigung

---

[8] Die Einordnung eines Ermittlungsverfahrens in den Kriminalitätsbereich „kriminelle Vereinigung“ im Bundeslagebild OK war erstmalig für das Jahr 2017 möglich (vgl. BKA 2018, S. 5).

abgelehnt. Die Konturen der organisierten Begehungsweise und ihre Abgrenzung zu anderen Kriminalitätsformen wurde als nicht ausreichend für ein eigenes Tatbestandsmerkmal bewertet (vgl. BT-Ds. 12/929 vom 25.07.1991, S. 24).

Der Begriff der Organisierten Kriminalität hat wenig Eingang in Gesetzestexte und Verordnungen gefunden. Er findet sich vereinzelt, jedoch ohne nähere Begriffsbestimmung. Lediglich § 2 Abs. 1 Nr. 3 des Opferentschädigungsgesetzes enthält eine entsprechende materiellrechtliche Regelung auf Bundesebene. Dem OK-Begriff bekommt Bedeutung nur auf untergesetzlicher Ebene, insbesondere bei Verwaltungsvorschriften im Bereich des Strafvollzugs zu (vgl. von Lampe 2017, S. 790 f). In den Verfassungsschutzgesetzen mehrerer Bundesländer finden sich ebenfalls Definitionen (vgl. Schnorrer 2008, S. 62 f). Hierzu soll ergänzend angemerkt werden, dass die Beobachtung der Organisierten Kriminalität durch Verfassungsschutzbehörden erheblich Fragen hinsichtlich des Trennungsgebotes, insbesondere bei der Weitergabe von Informationen der Verfassungsschutzbehörden an die Polizei, aufwirft.

Als formell-rechtliche Regelung ist insbesondere der § 101b Abs. 4 Nr. 3 StPO zu nennen, da dieser den Begriff „zur Verfolgung organisierter Kriminalität“ enthält und die Bundesregierung verpflichtet, in ihrem jährlichen Bericht an den Bundestag, für Maßnahmen der akustischen Wohnraumüberwachung zu indizieren, ob das jeweilige Verfahren OK-Bezüge hat. In wenigen weiteren formell-rechtlichen Regelungen wird ebenfalls der Begriff Organisierte Kriminalität verwendet, häufiger wird aber dieser Begriff für polizeiliche Zuständigkeitsregelungen verwendet. So enthalten bspw. der § 4 Abs. 1 Nr. 1 BKAG und § 4 Abs. 1 Nr. 3 BKAG eine polizeiliche Zuständigkeit des BKAs für eine „international organisierte“ Begehung mehrerer Delikte. Diese Beschreibung einer „organisierten“ Begehung findet sich ebenfalls an mehreren Stellen der StPO, wie etwa dem § 98a Abs. 1, Nr. 6 StPO und dem § 110a Abs. 1 Nr. 4 StPO (vgl. von Lampe 2017, S. 790 f). Bei den beiden Beispielen aus der StPO wird deutlich, dass die organisierte Begehungsweise ein Sonderfall ist. Vielmehr dominiert die skizzierte Systematik der OK-Bekämpfung im Rahmen von gewerbs-, gewohnheits- und bandenmäßiger Begehung da diese Möglichkeiten der „organisierten Begehung“ im Gesetzestext redaktionell vorangestellt wurden.

Durch die Rechtsprechung wurde der Topos Organisierte Kriminalität ebenfalls häufig aufgegriffen (vgl. Kinzig 2004, S. 214 ff). Die Rechtsprechung verbleibt allerdings uneinheitlich, teilweise wird davon ausgegangen, dass der Begriff fassbare Strukturen hat, häufig wird dieses abgelehnt. Es ist bisher zu keiner klaren Sprachregelung gekommen (vgl. von Lampe 2017, S. 791 f).

Deutlich wird aus diesen Ausführungen, dass im materiellen Recht keine Definition zum Begriff der Organisierten Kriminalität existiert und sich auch aus der Rechtsprechung keine allgemeingültige Definition entwickelt hat. Im nächsten Schritt wird betrachtet was die Gesellschaft unter Organisierter Kriminalität versteht und wie dieses Verständnis und Wissen generiert wird.

3.3 Allgemeines Verständnis von Organisierter Kriminalität

Nur ein Bruchteil der persönlichen Vorstellung von Kriminalität stammt aus eigenen Erfahrungen der Menschen, vielmehr prägen Medien das Bild von Kriminalität (vgl. Kunz/ Singelnstein 2016, § 23 Rn. 13). In Medien herrscht das durch Hollywood geprägte Bild vom Paten und Al Capone vor (vgl. Uesseler 1993, S. 27 f). Gewaltkriminalität hat eine hohe Medienaufmerksamkeit, diese ist bei OK fast immer sicher (vgl. van Duyne 2004, S. 22 f). Das Bild ist vorrangig das der „Mafia". OK wird als Bedrohung für Staat und Gesellschaft angesehen, aber auch als nicht eindämmbar (vgl. Ohlemacher 1998, S. 29 ff). So kommt dem Einflussfaktor der Medien bei der OK eine zentrale Rolle zu (vgl. Wessel 2001, S. 42). Medien tragen in hohem Maße als Informationsquelle zu OK bei. Sie können über Ereignisse berichten, Mitteilungen von Strafbehörden verbreiten und kommentieren oder aber auch eigene Recherchen durchführen. Die Durchführung eigener Recherchen kann einen nicht zu unterschätzenden Beitrag zur OK-Beschreibung liefern (vgl. Ohlemacher 1998, S. 60 f). Hierzu soll beispielhaft auf den Journalisten Dagobert Lindlau und dessen umstrittene Recherchen zum organisierten Verbrechen und seine Veröffentlichung „Der Mob" in den 1980er Jahren, die eine kontroverse Diskussion auslösten, verwiesen werden. So wird durch Werner Raith mit „Lindlauisierung" die sensationshaschende Darstellung von Organisierter Kriminalität bezeichnet (vgl. Raith 1992, S. 29 ff). Allerdings erfolgen durch journalistische Seite Falldarstellungen und -studien häufig in Zusammenarbeit mit der Polizei (vgl. Uesseler 1993, S. 19). Polizei hat für relevante Ereignisse einen privilegierten Zugang zu Informationen Sie kann eigene Interessen an einer medialen Inszenierung entwickeln und sich von einem Informationslieferanten zum Partner der Medien loslösen (vgl. Grundböck 2017, S. 1038 ff). Medien nehmen häufig die polizeiliche Richtung auf und schmücken diese an aktuellen Einzelfällen nach eigenem Bedarf und Zielgruppe aus (vgl.

Uesseler 1993, S. 29). Massenmedien neigen im Grundmuster, natürlich mit Ausnahmen und Variationen, zum Sensationellen und konzentrieren sich auf Kapitaldelikte und komplexe Realitäten werden vereinfacht. Dadurch entsteht eine Verzerrung (vgl. Jung 1993, S. 346 f).

Damit ist im Ergebnis festzuhalten, dass das Verständnis und Wissen zu Organisierter Kriminalität, wie bei vielen anderen Themen, in der Gesellschaft nicht durch Expertenwissen, sondern überwiegend durch Medien geprägt wird. Medien können Recherchen durchführen, aber auch auf Informationen von Strafverfolgungsbehörden zurückgreifen. Dieser Rückgriff gibt jedoch den Strafverfolgungsbehörden wieder einen Zugriff auf das, was durch Medien als Organisierte Kriminalität beschrieben und daraus folgend durch die Gesellschaft als solche wahrgenommen wird.

3.4 Reflexion auf die forschungsleitenden Fragen 1 und 2

In diesem Kapitel soll auf die ersten beiden forschungsleitenden Fragen hinsichtlich der Definition und des definitorischen Ansatzes reflektiert werden.

Die Diskussion um den OK-Begriff ist aus einer polizeilichen Diskussion in den 1970er Jahren entstanden und auch weiterhin polizeilich geprägt. Im materiellen Recht bzw. der Rechtsprechung gibt es, wie dargestellt, keine gültige Definition. Das gesellschaftliche Wissen ist durch Medien geprägt, wobei es die skizzierten erheblichen Einflussmöglichkeiten der Polizei gibt. So bleibt der OK-Begriff polizeilich geprägt. Die Definitions- und Indikatorengenese wird von polizeilicher Seite bestimmt. Die Definition der Organisierten Kriminalität ist eine „polizeitaktische Definition“ und geeignet polizeiliche Interessen durchzusetzen (vgl. Wessel 2001, S. 61 f). Der Zuordnungsprozess ist durch eine faktische Definitionsmacht der Strafverfolgungsbehörden gekennzeichnet und bietet erhebliche Spielräume (vgl. ebd., S. 67).

Die Unschärfe der OK-Definition bietet der Institution, die zuerst Zugriff auf ein Strafverfahren bekommt, die Möglichkeit dieses als Organisierte Kriminalität zu klassifizieren und entsprechend zu bearbeiten. Dieses ist regelmäßig die Polizei. Daher ist die erste forschungsleitende Frage „Wer definiert Organisierte Kriminalität?“ dahingehend zu beantworten, dass fast ausschließlich die Polizei Organisierte Kriminalität definiert. Durch eine frühzeitige Entscheidung im Ermittlungsverfahren und der damit verbundenen Ressourcenzuordnung wird ein entsprechendes Verfahren herausgegriffen und klassifiziert.

Dies kann dazu führen, dass einem Vorgang die Bezeichnung OK angeheftet wird, ohne sicherzustellen, dass dieses in der Realität so ist, der Vorgang aber gleichzeitig genutzt wird um Strafverfolgungsmaßnahmen zu legitimieren, die eigentlich für selten vorkommende gefährliche Formen der Organisierten Kriminalität konzipiert sind (vgl. Neubacher 2019, S. 60 f). Dies steht zur zweiten forschungsleitenden Frage in einem engen Zusammenhang: „Ist der definitorische Ansatz der Organisierten Kriminalität (wie dargestellt) unter kriminalwissenschaftlichen Aspekten sachgerecht und zeitgemäß?". Klaus von Lampe führt aus, dass jede OK-Definition willkürlich und subjektiv bleibt, da auch die Relevanz einzelner Merkmale von den näheren Umständen des Einzelfalles abhängen kann und eine abstrakte Bestimmung nicht möglich ist (vgl. von Lampe 2019, S. 38). Dagobert Lindlau geht noch weiter, da er den Streit um die Definition als lächerlich bewertet, hinter dem sich fachliche Rechthaberei, parteipolitische Abhängigkeit und ideologische Blindheit verbergen soll. Die Geheimhaltung polizeiinterner Dokumente dient lediglich der Verschleierung der Lage gegenüber der Öffentlichkeit (vgl. Lindlau 1989, S. 9).

Derzeit gibt es Stimmen, die eine Überarbeitung der Definition fordern (vgl. von Lampe 2019, S. 37). Da bei einem neuerlichen Streit bis zur Schaffung einer allgemeingültigen Definition die OK-Bekämpfung leiden würde, muss weiter mit der gültigen gearbeitet werden (vgl. Sieler 2007, S. 32). Mike Schnorrer stellt dazu fest, dass eine Legaldefinition der Organisierten Kriminalität entbehrlich ist, da es gegenwärtig ein vielgestaltiges und flexibles Kriminalitätsphänomen ist (vgl. Schnorrer 2008, S. 79). Vieles was OK ausmacht entwickelt sich in einem Rahmen von Tatgelegenheit, der Nachfrage nach illegalen Gütern und Dienstleistungen, aber auch durch die Intensität der Strafverfolgungsbehörden (vgl. von Lampe 2019, S. 46). Diese Aspekte sind jedoch sehr dynamisch und mit der Zeit Änderungen unterworfen, weshalb eine allgemeingültige Definition problematisch sein dürfte.

Es ist festzuhalten, dass Organisierte Kriminalität sich gerade im Geheimen abspielt und nicht offen erkennbar ist. Daher kann eine Definition häufig nicht alleine helfen, um einen Sachverhalt/ Ermittlungsvorgang dieser zuzuordnen. Eine allgemeingültige Beschreibung, die alle denkbaren Delikts- und Begehungsformen der OK zu jeder Zeit abdeckt, wird immer eine hohe Unschärfe haben müssen. Dies gilt speziell zu Beginn eines Ermittlungsverfahrens, da gerade zu Beginn häufig nicht klar ist, ob der Sachverhalt der OK zuzuordnen ist oder nicht. Häufig bleibt dieses auch durchgehend unklar. In der Konsequenz muss sich von dem Gedanken gelöst werden muss, dass ein eindeutiges Grundmuster mit einer eindeutigen Aussage greift. Allerdings können diese Probleme nicht eine allgemeine Definition gänzlich unnötig oder überflüssig machen. Eine Weiterentwicklung der Definition ist jedoch regelmäßig zu prüfen, dies könnte aktuell eine Aufweichung der scharfen Trennung von OK und Terrorismus sein.

Es lohnt sich, den Blick nicht nur auf die gültige Arbeitsdefinition aus dem Jahr 1990 zu legen, sondern weiter auch auf die Indikatorenliste der RiStBV. Die Indikatoren helfen einen Sachverhalt zu klassifizieren, was stimmig ist zu Modellen, die OK durch Indikatoren zu beschreiben versuchen. Dies ist ein Ansatz der Vorteile bietet, da ein Sachverhalt anhand von leicht(er) sichtbaren Merkmalen einer Beurteilung zugeführt wird und nicht ausschließlich durch eine eher abstrakte Definition erfolgt. Diese ist ein bekanntes Modell, das bereits seit Jahrzehnten diskutiert wird. So forderte Wolfgang Sielaff bereits 1983, dass nicht mit Definitionen, sondern Deskriptionen gearbeitet werden sollte (vgl. Sielaff 1983, S. 417). Der hohe Anpassungsgrad, die Wandlungsfähigkeit und die hohe Flexibilität von OK-relevanten Gruppierungen sowie die Vielzahl der denkbaren deliktischen Begehungsweisen macht eine sehr offene Definition nötig, die eine Schärfe zwangsläufig vermissen lassen wird. Daher ist der definitorische Ansatz in Kombination mit Indikatoren weiterhin ein zeitgemäßer Ansatz.

Mittels Indikatoren können Informationen, die auf unterschiedliche Weise ausgedrückt werden, genutzt werden, um Veränderungen zeitnah zu erkennen (vgl. Kruse/ Svendsen 2017, S. 89 f). Da OK hoch anpassungsfähig und dynamisch ist, müssen die Indikatoren ständig fortgeschrieben werden. Für eine objektivere Entscheidung bei der Zuordnung eines Sachverhaltes zur OK ist es ebenfalls wichtig, dass die Indikatoren aktuell sind um eine fundierte Entscheidung zu treffen. Die Entwicklung von Indikatoren ausschließlich mit Erfahrungen aus der Vergangenheit sorgt dafür, dass der bisherige Status quo bei einer Bewertung von Sachverhalten manifestiert wird und sich selbstreferenziell bestätigt. Dieses kann durch eine möglichst aktuelle Fortschreibung der Indikatoren und deren tatsächliche Berücksichtigung bei der Bewertung von Sachverhalten durchbrochen werden. So könnte zumindest teilweise die Unschärfe der OK- Definition ausgeglichen werden.

Bei einer kriminalwissenschaftlichen Betrachtung wird deutlich, dass durch die Polizei im Rahmen ihrer kriminalistischen Bewertung ein Sachverhalt der OK zugeordnet wird. Die strafrechtliche Bewertung verbleibt aber zumeist bei der banden-, gewohnheits- und gewerbsmäßigen Begehungsweise und zielt nicht auf die Bildung einer kriminellen Vereinigung gem. § 129 StGB ab. Die Justiz hat auf die OK-Einschätzung eines Sachverhaltes wenig Einfluss, da die justizielle

Bewertung zumeist die strafrechtliche Bewertung des Bandenbegriffes, der geringere Anforderungen aufweist, als Grundlage hat. Auf diesen niedrigschwelligen Bandenbegriff werden dann erhebliche und eingriffsintensive strafprozessuale Maßnahmen gestützt. Dieses macht nochmals die Deutungshoheit der Polizei im Phänomenbereich der OK deutlich. Da die polizeiliche Einschätzung über Ressourcen und somit zumindest mittelbar über die (tatsächliche Machbarkeit) strafprozessualer Maßnahmen entscheidet, wäre eine kritischere Hinterfragung durch die Staatsanwaltschaft hilfreich. Hierzu müsste die Staatsanwaltschaft in die Lage versetzt werden, eine eigene Bewertung hinsichtlich der OK-Relevanz eines Sachverhaltes abzugeben, welche dann auch in einer korrespondierenden Statistik verzeichnet werden müsste. Dies würde einen Vergleich zur polizeilichen Einschätzung ermöglichen. Es könnte hilfreich sein, verstärkt Strafverfahren wegen des Verdachtes der Bildung einer kriminellen Vereinigung gem. § 129 StGB zu führen, um die kriminalistische und nicht justiziable Definition als Organisierte Kriminalität auch strafrechtlich und strafprozessrechtlich fortzusetzen und von der banden-, gewohnheits- und gewerbsmäßigen Tatbegehung abzuheben. Im nächsten Abschnitt sollen die Charakteristika von OK-Verfahren und die Rolle der Polizei im Hellfeld der OK-relevanten Ermittlungen untersucht werden.

4. Charakteristika von OK- Verfahren

4.1 Hellfeld der Organisierten Kriminalität

Die Art und der Umfang von OK sind schwer festzulegen. Tarnung und Abschottung machen oft nicht genau feststellbar, ob eine Tat durch eine kriminelle Organisation verübt wurde (vgl. Göppinger 1997, S. 555). Ein vollständiges OK-Lagebild existiert in Deutschland nicht (vgl. Freiberg/ Thamm 1992, S. 117), die PKS erlaubt keinerlei Rückschlüsse auf die organisierte Begehung von Straftaten (vgl. Wessel 2001, S. 79 f) und drückt grundsätzlich nur das Registrierungsverhalten der Strafverfolgungsbehörden aus (vgl. Kunz/ Singelnstein 2016, S. 206). Die mangelnde Aussagefähigkeit der PKS hinsichtlich Verfahren mit OK-Bezügen führte zur Einführung des Bundeslagebildes OK (vgl. Wessel 2001, S. 111).

Das Bundeslagebild OK wird seit 1991 erstellt und spiegelt die im Hellfeld der Strafverfolgungsbehörden erfasste Situation (vgl. Sinn 2016, S. 13). Es wird vom BKA, in Zusammenarbeit mit den LKÄs, der Bundespolizei und dem Zoll, auf Grundlage der Arbeitsdefinition aus dem Jahr 1990 erstellt. Die im Berichtszeitraum (Kalenderjahr) anhängigen Ermittlungsverfahren werden nach einem einheitlichen Raster erhoben (vgl. BKA 2020, S. 5). Das BKA gibt an, dass das Bundeslagebild lediglich die Ergebnisse polizeilicher Strafverfolgungsaktivitäten abbildet: „Es stellt eine Beschreibung des Hellfeldes, also der polizeilich bekannt gewordenen Kriminalität dar, ohne aus den statistischen Grunddaten valide Einschätzungen zu Art und Umfang eines möglichen Dunkelfeldes ableiten zu können" (BKA 2020, S. 5).

Diese Einschätzung wird in der Literatur ebenfalls vertreten. Arndt Sinn führt dazu aus, dass erhebliche Kritik am Aussagewert geäußert wird, die insbesondere auf mangelnde qualitative Daten und Transparenz reflektiert (vgl. Sinn 2016, S. 13). Jan Wessel bewertet die Aussagekraft ebenfalls kritisch, da die Zuordnung von Ermittlungsverfahren von Bewertungen abhängt, die eine Reproduktion der Definition im Erhebungsraster darstellen. Da diese Interpretationsspielräume eröffnet, ist die Bewertungsobjektivität zumindest teilweise willkürlich und beliebig. Ein weiteres Problem ist, dass aufgrund der Verschlusssachenregelung die Klassifizierung der öffentlichen Zugänglichkeit und Kontrolle entzogen wird (vgl. Wessel 2001, S. 114 f). Die wissenschaftliche Kritik an quantitativen Daten aus dem Bundeslagebild führte dazu, dass durch das BKA verstärkt Gefährlichkeitseinschätzungen vorgenommen wurden und Trendaussagen zu zukünftigen Entwicklungen mittels eines Indexes („OK-Potential") angegeben werden (vgl. Neubacher 2019, S. 56).

Ein generelles Problem des Bundeslagebildes OK ist, dass Daten retrograd betrachtet werden. Es erscheint jährlich im Herbst und beschreibt Daten des vergangenen Kalenderjahres. Da OK-Verfahren im Jahr 2019 durchschnittlich 20 Monate dauerten (vgl. BKA 2020, S. 43), können Trendaussagen und Entwicklungen nur schwer abgebildet werden- losgelöst vom tatsächlichen Aussagewert. Ergänzend soll angemerkt werden, dass weitere Lagebilder mit Relevanz für das Hellfeld der OK die Bundeslagebilder zu klassischen Delikten der OK, wie zur Rauschgiftkriminalität, zur Wirtschaftskriminalität und zur Cyberkriminalität sind. In den Bundesländern gibt es ebenfalls entsprechende landesspezifische Lagebilder, die jedoch nur teilweise öffentlich publiziert werden, dessen Daten allerdings Eingang in das Bundeslagebild OK finden.

Aus diesen Ausführungen ergibt sich bereits, dass das OK-Hellfeld die Klassifizierung und Erfassung der Polizei und anderer Behörden widerspiegelt und keine valide Aussage zum Dunkelfeld ermöglicht. Nichtsdestoweniger ist das Bundeslagebild OK eine wesentliche Erkenntnisquelle dafür, was durch Strafverfolgungsbehörden als Organisierte Kriminalität definiert und erfasst wird. Im nächsten Schritt werden die wesentlichen Deliktsfelder zu den registrierten polizeilichen Strafverfolgungsaktivitäten näher betrachtet.

4.2 Deliktsfelder der Organisierten Kriminalität

Die Arbeitsdefinition Organisierte Kriminalität ermöglicht es, beinahe jedes Delikt organisiert zu begehen. Im Rahmen der Vorstellung der historischen Entwicklung von OK in Deutschland wurden bereits deliktische Schwerpunkte im Längsschnitt dargestellt. Deutlich wird, dass OK geprägt wird durch Rauschgiftkriminalität, Eigentumskriminalität und Wirtschaftskriminalität bzw. Betrugsdelikte. Menschenhandel und (ggf. damit verbundene) Prostitution spielen ebenfalls eine besondere Rolle. Die Tatbegehungsweise hat sich im Laufe der Zeit angepasst und natürlich nicht unerheblich in den Cyberraum verlagert. Daher überrascht es nicht, dass sich aus dem Bundeslagebild OK 2019 als Schwerpunkt die Deliktsbereiche der Drogenkriminalität, der Kriminalität im Zusammenhang mit dem Wirtschaftsleben, der Eigentumskriminalität, der Schleusungskriminalität und der Steuer- und Zolldelikte ergeben (vgl. BKA 2020, S. 6). Die Gesamtzahl der im Bundeslagebild OK verzeichneten Ermittlungsverfahren schwankt in den letzten zehn Jahren zwischen 579 Verfahren im Jahr 2019 und

606 Verfahren im Jahr 2010 und ist damit sehr konstant. Im Längsschnitt ist die Anzahl der Neuverfahren ähnlich hoch wie die Fortschreibung von Verfahren aus dem Vorjahr (vgl. BKA 2020, S.8). Insgesamt wird sichtbar, dass OK im Hellfeld statistisch nur einen sehr geringen Teil der Gesamtkriminalität ausmacht. Da kriminelle Organisationen ein hohes Maß an Konspiration aufweisen ist es schwierig, entsprechende Strukturen aufzudecken. Die Zuordnung von OK zur Kontrollkriminalität macht vielfach Initiativermittlungen notwendig (vgl. Sinn 2016, S. 20). Im folgenden Abschnitt soll daher dargestellt werden, inwiefern die OK-typischen Delikte der Kontrollkriminalität zugeordnet werden können und wie Ermittlungsverfahren eingeleitet werden.

4.2.1 Kontrolldelikte

Durch die Polizei kann gezielt Einfluss auf die Entdeckungswahrscheinlichkeit von Straftaten genommen und diese ins Hellfeld gebracht werden (vgl. Neubacher 2020, S. 43). Bei Überwachungs- und Kontrolldelikten wird Polizei proaktiv tätig und bestimmt mit der Intensität polizeilicher Kontrollen die Entdeckungshäufigkeit (vgl. Heinz 1993, S. 29). Kontrolldelikte sind, obwohl sie häufig vorkommen, praktisch nur durch polizeiliche Kontrollen aufzudecken und werden kaum von Dritten angezeigt (vgl. Neubacher 2020, S. 44). Organisierte Kriminalität gehört zur Kontrollkriminalität (vgl. Schmidt/ Bannenberg 2019, S. 344). Es gäbe weder Fälle noch Straftäter, wenn nicht eigeninitiativ ermittelt würde (vgl. Bannenberg 2020, S. 206). Die fünf Kriminalitätsbereiche, die die meisten registrierten Fälle aus dem Bundeslagebild OK betreffen, sind der Rauschgifthandel, Kriminalität im Zusammenhang mit dem Wirtschaftsleben, Eigentumskriminalität, Schleusungskriminalität und Steuer- und Zolldelikte. Diese sollen hinsichtlich ihrer Kontrolldeliktseigenschaft im Weiteren betrachtet werden.

Drogendelikte sind vor allem Kontrolldelikte (vgl. Neubacher 2020, S. 43; vgl. Kunz/ Singelnstein 2016, § 16 Rn. 3). Wirtschaftskriminalität ist häufig nicht als Kriminalität zu erkennen und betrifft oft Rechtsgüter der Allgemeinheit. Die Wahrscheinlichkeit einer Strafanzeige ist gering und hängt ebenfalls von der Kontrolle spezialisierter Polizeikräfte oder anderer staatlicher Aufsichtsämter ab und ist somit den Kontrolldelikten zuzuordnen (vgl. Neubacher 2020, S. 186). Bei Eigentumsdelikten handelt es sich meist um Bagatelldelikte, die von Betroffenen nicht immer wahr oder ernst genommen werden (vgl. ebd., S. 172). Teilweise ist Eigentumskriminalität, wie bspw. der Ladendiebstahl, auch per se der Kontrollkriminalität zuzuordnen (vgl. Schwind/ Schwind 2021, § 3 Rn. 16). Auch wenn eine Vielzahl von Eigentumsdelikten angezeigt werden, ist ohne polizeiliche Ermittlungen eine Zuordnung der einzelnen Tat zur Organisierten Kriminalität meist nicht möglich, so dass die polizeiliche Ermittlungstätigkeit für die OK-Zuordnung eine erhebliche Rolle spielt und der OK-relevante Teil der Eigentumskriminalität häufig den Kontrolldelikten zuzuordnen ist.

Hinsichtlich der Schleusungskriminalität ist festzuhalten, dass entsprechende Delikte häufig an den Ausländerstatus anknüpfen und ebenfalls dem Bereich der Kontrolldelikte zuzuordnen sind (vgl. Schwind/ Schwind 2021, § 24 Rn. 4a). Aus dem Bundeslagebild OK für das Jahr 2019 ist ersichtlich, dass es sich bei den Steuer- und Zolldelikten zur Hälfte um Delikte des Zigarettenschmuggels und zu 14,3 % um den Schmuggel anderer zollpflichtiger Waren handelt (vgl. BKA 2020, S. 48 f). Diese Delikte unterliegen den bereits skizzierten Charakteristika der Wirtschaftskriminalität und sind ebenfalls den Kontrolldelikten zuzuordnen.

Die Vielzahl der Kontrolldelikte deuten darauf hin, dass viele OK-Verfahren durch Tätigkeiten der Strafverfolgungsbehörden generiert werden. Daher werden im nächsten Schritt die Einleitungsgrundlagen für OK-Verfahren betrachtet.

4.2.2 Einleitungsgrundlage für OK- Verfahren

Die Einleitungsgrundlage für OK-Verfahren ist aus dem öffentlich zugänglichen Bundeslagebild OK nicht ersichtlich. Zur Beantwortung der Frage, auf welcher Grundlage OK-Verfahren eingeleitet werden, kann auf dieses nicht zurückgegriffen werden. Es gibt jedoch Untersuchungen, die dieses beantworten können. Nach Norbert Pütter gibt es vier verschiedene Wege, auf denen OK-Ermittlungsverfahren entstehen können. Dieses sind die Verdachtsgewinnung in den Auswertungsstellen, aus Erkenntnissen der bei den OK-Dienststellen laufenden Ermittlungsverfahren, durch Informationen von Vertrauenspersonen oder Verdeckten Ermittlern oder durch die Übernahme von Ermittlungsverfahren anderer Dienststellen. Verfahren anderer Dienststellen können durch die drei erstgenannten Arten, aber auch Anzeigen oder aus allgemeinen Delikten entstehen (vgl. Pütter 1998, S. 59). Aus den Untersuchungen von Jörg Kinzig ergibt sich, dass rund zwei Drittel der OK-Ermittlungsverfahren durch aktives Handeln der Polizei generiert werden (vgl. Kinzig 2004, S. 427). Sie sind nicht auf eine Anzeige zurückzuführen, wie es in anderen Kriminalitätsbereichen prägend ist (vgl. ebd., S. 440). Jahnes unterscheidet als Möglichkeiten der Einleitungsgrundlage für OK-Verfahren polizeiliche Erkenntnisse aus anderen Ermittlungsverfahren, Erkenntnisse aus der polizeilichen Auswertung, Analysen, andernorts gesammelte polizeiliche Erkenntnisse, Erkenntnisse aus dem verdeckten Bereich (Informanten, VE-, VP- Erkenntnisse), Anzeigen, Hinweise, Anstöße durch andere Behörden und proaktive Ermittlungstätigkeit (vgl. Jahnes 2010, S. 75 ff). Demnach werden die meisten OK-Verfahren durch aktive Informationsgewinnung der Polizei generiert und das Anzeigeverhalten spielt keine große Bedeutung. Eine Rolle spielen die Erkenntnisse, die aus anderen Verfahren gewonnen werden, was speziell für Verfahren der Rauschgiftkriminalität gilt. Häufig stammen die Erkenntnisse ebenfalls von Verdeckten Ermittlern, Vertrauenspersonen oder anderen Behörden (vgl. ebd., S. 57 f).

Diese bereits im deliktischen Vorfeld ansetzende offensive Informationsbeschaffung und Suche nach Indikatoren ist seit langer Zeit zur Erkennung von OK relevant (vgl. Sielaff 1996, S. 151 f). Dieses zeigt sich gerade in den Initiativermittlungen, bei der die Elemente der Strafverfolgung und der Gefahrenabwehr in einem Verdichtungs- und Erkenntnisprozess zusammengeführt werden und die alte Trennung Gefahrenabwehr (Polizei) und Strafverfolgung (Justiz) ungeordnet ist (vgl. Schaefer 1996, S. 163 f). Initiativermittlungen sind eng mit der Vorfeldtätigkeit verbunden (vgl. Jahnes 2010, S. 10). Nach der Anlage E der RiStBV setzt die Aufklärung und wirksame Verfolgung von Organisierter Kriminalität voraus,

„(…) dass Staatsanwaltschaft und Polizei von sich aus im Rahmen ihrer gesetzlichen Befugnisse Informationen gewinnen oder bereits erhobene Informationen zusammenführen, um Ansätze zu weiteren Ermittlungen zu erhalten (Initiativermittlungen)“ (BMJV 2018).

Es ist nach OK-Indikatoren in den organisationsverdächtigen Bereichen mit dem Ziel zu suchen, Organisierte Kriminalität aufzuspüren. Die gewonnenen Erkenntnisse sind zu systematisieren und zu analysieren um ein fundiertes Bild für gezielte kriminalistische Bekämpfungsmaßnahmen zu erhalten (vgl. Sielaff 1983, S. 419).

Aus diesen Ausführungen wird deutlich, dass überwiegend Polizeidienststellen über die Einleitung von OK-Verfahren entscheiden. Auch die Gewinnung von Erkenntnissen durch Vertrauenspersonen und Verdeckte Ermittler setzen proaktive Maßnahmen der Strafverfolgungsbehörden voraus. Unter proaktiver Verdachtsschöpfung werden Strategien verstanden, die entwickelt wurden, um Straftaten zu erkennen, bevor diese offenkundig werden (vgl. Soiné 1997, S. 252).

Die Mehrzahl der OK-Verfahren ist auf eine solche aktive Informationsgewinnung der Polizei zurückzuführen. Insbesondere Verfahren im Bereich der Rauschgiftkriminalität ergeben Erkenntnisse zu Folgeverfahren. So wurden Analyse- und Auswertungsdienststellen, wie etwa die ASTOK-Dienststellen, eingerichtet, die neue Erkenntnisse zu aktuellen Phänomenen gewinnen und Verfahren generieren sollen (vgl. Jahnes 2010, S. 157). Auch Norbert Pütter beschreibt diese Einrichtungen für die OK-Auswertung und ordnet drei Aufgaben zu: Erstellung strategischer oder Führungsinformationen, Unterstützung laufender Ermittlungsverfahren und im Sinne einer aktiven Verdachtsschöpfung um Anhaltspunkte für Ermittlungen zu bekommen (vgl. Pütter 1998, S. 34). Dies macht noch deutlicher, wie hoch der Einfluss der Polizei und speziell der Auswertedienststellen bei der Generierung von OK-Verfahren ist. Weigand und Büchler stellen in ihrer Untersuchung fest, dass Dienststellen Verfahren zur OK machen können (vgl. Weigand/ Büchler 2002, S. 20). Daher soll im nächsten Teil die polizeiliche Struktur zur OK-Bekämpfung betrachtet werden.

4.2.3 Polizeiliche Strukturen zur OK- Bekämpfung

Die jährlich konstant etwa 600 OK-Ermittlungsverfahren werden vor allem von der Verfügbarkeit von Staatsanwälten und Polizisten dominiert, da diese nötig sind um aufwendige Verfahren zu führen. OK ist somit nicht nur eine Frage der Definition, sondern auch der Abwägung (vgl. Sundermeyer 2017, S. 27 f). Die Schaffung von freigestellten Spezialdienststellen zur OK-Bekämpfung mag dazu geführt haben, dass andere Kriterien Einfluss auf die Klassifikation eines Ermittlungsverfahrens als OK gewonnen haben (vgl. Kinzig 2004, S. 56 f). Allerdings können Justiz und Polizei oft mangels personeller Ressourcen OK-Ermittlungsverfahren nicht führen (vgl. Bülles 2015, S. 14). Pütter stellt fest, dass OK-Dienststellen, die von herkömmlichen kriminalpolizeilichen Ermittlungen freigestellt sind, weniger innerpolizeilich kontrollierbar sind (vgl. Pütter 1998, S. 160). Die Relevanz polizeilicher Strukturen für die Generierung von Ermittlungsverfahren zeigt Thomas Feltes am Beispiel der „Rockerkriminalität“ auf. So führt die polizeiliche Spezialisierung im Bereich der „Hol-Kriminalität“ automatisch zu mehr Ermittlungen und höheren Zahlen (vgl. Feltes 2020, S. 65). Fragile Zuständigkeiten, gerade bei länderübergreifenden oder internationalen kriminellen Gruppierungen, bereiten für Ermittlungen Schwierigkeiten (vgl. Bannenberg 2020, S. 205). Bei Weiterführung dieses Gedankens wird klar, dass eine kleinteilige dauerhafte

Organisationsstruktur mit konkreten spezifischen Zuständigkeiten wenige Deliktsbereiche „ausleuchtet“ und so Kriminalität ins Hellfeld holt. Delikts- und Themenfelder, die nicht durch polizeiliche Spezialdienststellen bzw. Dienststellen mit einer konkreten Auftragszuständigkeit belegt sind, werden nicht ausgeleuchtet und auch nicht ins Hellfeld geholt. Hier bleibt die Frage offen, welche Delikts- oder Themenbereiche aus welchem Grund tatsächlich mit einer Spezialzuständigkeit belegt sind und wo ggf. ein breiteres Delikts- oder Themenfeld bearbeitet werden müsste, um dann durch eine Priorisierung eine Spezialisierung temporär und nicht dauerhaft festzulegen.

Das Zahlenwerk der Polizei sagt nichts über die wahren Dimensionen von OK aus. Sinkende Fallzahlen hängen eher mit polizeilicher Schwerpunktverlagerungen als einem tatsächlichen Rückgang zusammen (vgl. Bülles 2015, S. 262). Ebenfalls liegt der Gedanke nahe, dass bei gleichbleibenden (personellen) Ressourcen und steigender Bearbeitungsdauer bzw. eines steigenden Umfangs der einzelnen OK-Verfahren dies zu einer Verringerung der Anzahl der geführten Verfahren führen muss.

Bereits in der Untersuchung von Rebscher und Vahlenkamp wurde 1988 festgestellt, dass der polizeiliche Sachbearbeiter einer fallorientiert ermittelnden Dienststelle wegen seiner differenzierten Einschätzung dem Trugbild einer eigenständigen kriminellen Organisation unterliegen kann. Hierzu wird weiter der Vorwurf geschildert, wonach das Bild der kriminellen Vereinigung häufig von der Polizei „künstlich erzeugt“ wird, um die Existenz von Organisierter Kriminalität zu begründen (vgl. Rebscher/ Vahlenkamp 1988, S. 29 f). Es ist insgesamt nachvollziehbar, dass spezialisierte Dienststellen, die zur OK-Bekämpfung geschaffen werden, entsprechende Verfahren generieren und ermitteln. Je kleinteiliger diese Aufgaben und Ressourcen festgelegt werden, desto spezifischer werden die Ermittlungsverfahren generiert. So bestimmt Polizei bereits bei der Strukturierung von Dienststellen über die Generierung von Ermittlungsverfahren, aber auch mittels des Ressourcen- bzw. Personaleinsatzes über die Verfahren, welche sich dann später im Hellfeld widerspiegeln.

4.3. Diskrepanz Hellfeld und Dunkelfeld

Da Organisierte Kriminalität überwiegend der Kontrollkriminalität zuzuordnen ist, muss von einem sehr hohen Dunkelfeld ausgegangen werden. Dieses Dunkelfeld bezieht sich sowohl auf die Anzahl der Taten, aber auch auf Erkenntnisse zu den Tätern (vgl. Wessel 2001,

S. 139 f). So verschwinden zahlreiche Täter im Dunkelfeld, was wesentlich höher ist als das Hellfeld (vgl. Sundermeyer 2017, S. 37 f). Das Dunkelfeld, dessen Größe weitestgehend unbekannt ist, wird polizeilicherseits als Argumentation für das Gefährdungspotential von OK genutzt (vgl. Wessel 2001, S. 139 f). Im Bundeslagebild OK 2019 wird vom BKA angegeben, dass die Daten keine validen Einschätzungen zu Art und Umfang des Dunkelfeldes zulassen (vgl. BKA 2020, S. 5). Eine niedrige Anzahl von OK-Verfahren deutet darauf hin, dass es nur geringe Aufdeckungsbemühungen der Polizei gibt (vgl. Sanso-Rubert Pascual 2017, S. 34). Hinsichtlich der Bestimmung des Dunkelfeldes, aber auch der Struktur der verborgenen OK-Elemente, kommt daher der empirischen Forschung eine besondere Rolle zu, um dieses qualitativ und quantitativ zu bestimmen. Es soll zunächst die forschungsleitende Frage was im OK-Hellfeld bearbeitet wird aufgegriffen werden, um danach komplementär relevante empirische Forschungsergebnisse und Forschungsmöglichkeiten mit dem Ziel darzustellen, ein komplettes Bild der Definitionsmacht der Polizei im Phänomenbereich der OK zu erlangen.

4.4 Reflexion auf die forschungsleitende Frage 3

Das Hellfeld der Organisierten Kriminalität ist seit 1991 durch das Bundeslagebild OK geprägt, also durch eine polizeiliche Statistik. Diese beschreibt Klassifizierungen und Erfassungen der Polizei und weniger anderer Behörden, macht aber keine valide Aussage zum Dunkelfeld oder zur gesamten vorhandenen Menge der OK. Die im Hellfeld bearbeitete Kriminalität ist überwiegend der Kontrollkriminalität zuzuordnen, also durch polizeiliche Tätigkeit geprägt. Im engen Zusammenhang steht die Einleitung von Ermittlungsverfahren, diese ist nicht durch Anzeigen von außen, sondern durch vorgeschaltete Tätigkeiten der Polizei wie proaktiven Ermittlungen, Informationssammlungen und Auswertetätigkeiten geprägt. Die Dienststellenstruktur und damit verbundene polizeiliche Aufgaben und Zuständigkeiten, aber auch die polizeiliche Ressourcensteuerung, spielen ebenfalls eine erhebliche Rolle. Die forschungsleitende Frage 3 „Was wird im Hellfeld tatsächlich als Organisierte Kriminalität bearbeitet?“ kann dahingehend beantwortet werden, dass im Hellfeld das bearbeitet wird, was Polizei als OK definiert, entsprechende Ermittlungsverfahren einleitet und Ressourcen zur umfangreichen Bearbeitung der Ermittlungskomplexe zur Verfügung stellt. Damit kommt der Polizei die entscheidende Rolle zu. So wird ein Sachverhalt, der durch die Polizei nicht als OK eingeschätzt wird, nicht als diese bearbeitet und nicht in das Hellfeld aufgenommen. Zum anderen werden aber Sachverhalte, die durch Polizei als OK eingeschätzt werden, mit entsprechenden Ressourcen unterstützt und regelmäßig im Hellfeld Eingang finden. In Kombination damit, dass sich aus ersten Ermittlungsverfahren häufig Folgeverfahren ergeben, wird dieses deutlicher. Mittels Ermittlungen von möglichen Drahtziehern können Ermittlungskomplexe immer weiter ausgeweitet und zeitlich verlängert werden. Dies gilt gerade im Bereich der Rauschgiftkriminalität, bei der Verfahren durch eine Vielzahl von Lieferanten sowie Abnehmern geprägt sind und vielzählige Folgeverfahren auslösen können.

Da es in Deutschland keine justiziable OK-Definition gibt, ist die Justiz sehr stark an die Bewertung der Polizei gebunden. Sie kann die polizeiliche Entscheidung, einen Sachverhalt der Organisierten Kriminalität zuzuordnen, kaum revidieren, da die Trennlinie zu den Delikten der banden- und gewerbsmäßigen Begehung unscharf bleibt und der Straftatbestand der Bildung einer kriminellen Vereinigung gem. § 129 StGB nur eine untergeordnete Rolle spielt. Es ist für die justizielle Einschätzung diese Trennschärfe nicht nötig, vielmehr reicht zumeist eine positive rechtliche Einschätzung im Bereich der banden- und gewerbsmäßigen Tatbegehung für eingriffsintensive und zumeist verdeckte Ermittlungsmaßnahmen aus. Somit entscheidet die Justiz bei der Beantragung und dem Erlass von Beschlüssen für strafprozessuale Maßnahmen nicht über die OK-Relevanz eines Ermittlungskomplexes, sondern zunächst über die niedrigschwelligere gewerbs- und bandenmäßige Begehung. Als Konsequenz fehlt daher im Hellfeld eine strukturelle Korrektur dessen, was durch eine justiziable Bewertung lediglich als banden- und gewerbsmäßige Tatbegehung und nicht als OK bewertet wird. Im Hellfeld verbleibt allein die deliktische Einschätzung eines Sachverhaltes durch die Polizei.

Nach der Feststellung, dass im Hellfeld bearbeitete Ermittlungskomplexe überwiegend polizeilich definiert werden, sollen auch relevante bisherige empirische Forschungsmöglichkeiten zu Organisierter Kriminalität und dessen wesentliche Ergebnisse komplementär betrachtet werden.

5. Analyse bisheriger empirischer Forschung zu Organisierter Kriminalität

Organisierte Kriminalität hat schon früh wissenschaftliches Interesse geweckt. So befassten sich bereits zum Ende des 19. Jahrhunderts Giuseppe Pitré (1889) und Cesare Lombroso (1897) mit der Mafia und Camorra, allerdings nutzten sie nicht den OK-Begriff. Dieser wurde für den entsprechenden Forschungsgegenstand Ende der 1920er Jahre im Rahmen der Studie von Frederic Trasher (1927) zu Jugend- und Erwachsenenbanden und von John Ladesco (1928) zu einer Studie mit dem Titel „Organized Crime in Chicago" benutzt. Erst seit Ende der 1960er Jahre kann von einer kontinuierlichen wissenschaftlichen Befassung mit der Organisierten Kriminalität gesprochen werden (vgl. von Lampe/ Knickmeier 2018, S. 13 f).

Bis in die 1970er Jahre stieß die OK in der deutschen Kriminologie auf kein großes Interesse und empirische Erhebungen wurden nicht durchgeführt. In Lehrbüchern erfolgte die Abhandlung im Rahmen von Ausführungen zu Verbrechensgemeinschaften. Es wurde übereinstimmend davon ausgegangen, dass mit dem OK-Begriff eine Tatbegehung gemeint ist, die strukturiert erfolgt und die eine geschäftsmäßige und bürokratische Deliktsbegehung einer nach ökonomischen Gesichtspunkten errichteten Geschäftsorganisation beinhaltet. Die meisten Kriminologen legten einen Schwerpunkt zumeist auf verfestigte Organisationsstrukturen (vgl. Sieber/ Bögel 1993, S. 23 f). In Deutschland gab es seit den 1970er Jahren eine Vielzahl an empirischen Forschungsprojekten, daher können hier nur einige diskursprägende Untersuchungen dargestellt werden.

Die erste Untersuchung erfolgte Anfang der 1970er Jahre. Hans-Jürgen Kerner erhob Aspekte des organisierten und professionellen Verbrechens, zu denen u.a. das allgemeine Ausmaß, die konkreten Erscheinungsformen, ihr Anteil an der Gesamtkriminalität und hervorgerufene Schäden und „soziale Kosten", aber auch der damalige gesetzliche und organisatorische Zustand der Strafverfolgungsbehörden und kriminalpolitische Bestrebungen gehörten (vgl. Kerner 1973, S. 15 f.). Methodisch erfolgten Experteninterviews von Mitarbeitern aus 20 polizeilichen Behörden und 3 Justizvollzugsanstalten (vgl. ebd., S. 23 f). Kerner stellte fest, dass es in Westeuropa noch kein ausgebautes System des organisierten Verbrechens wie in den USA gab und die sizilianische Mafia, trotz europäischer Binnenwanderung, noch nicht auf andere Staaten übergegriffen hatte. Die europäische Situation war durch informelle Strukturen geprägt die international vernetzt waren (vgl. ebd., S. 234 f).

Durch Rebscher und Vahlenkamp erfolgte im Rahmen der BKA-Forschungsgruppe eine Untersuchung, welche als Ziel eine „bundesweite Bestandsaufnahme der Erscheinungsbilder der organisierten Kriminalität vorzunehmen und vom bisherigen Täterbild abweichende Deliktsumstände näher darzustellen und ggf. zu erklären“ (Rebscher/ Vahlenkamp 1988, S. 4) hatte. Im Zeitraum von November 1985 bis Juni 1986 erfolgte eine Expertenbefragung von 66 OK-Ermittlern (vgl. ebd., S. 10). Es wurde festgestellt, dass es kein einheitliches OK-Strukturmodell gab, sondern vielmehr Straftäterverflechtungen oder eigenständige Gruppierungen (vgl. ebd., S. 181). Eine weitere Feststellung war, dass bei Sachbearbeitern einer fallorientiert ermittelnden Dienststelle bei der Sachverhaltsermittlung das Trugbild einer eigenständigen kriminellen Organisation entstehen kann. Diese Einschätzung führt dazu, dass aus dem Beziehungsgeflecht heraus eine „Rauschgiftorganisation“ entwickelt, in das Ermittlungsverfahren übernommen und so das Bild einer kriminellen Vereinigung von der Polizei künstlich erzeugt wird (vgl. Rebscher/ Vahlenkamp 1988, S. 29 f).

Die zweite, etwa zeitgleiche Untersuchung, erfolgte durch Eugen Weschke und Karla Heine-Heiß im Rahmen des Projektes „Organisierte Kriminalität als Netzstrukturkriminalität“ der Fachhochschule für Verwaltung und Rechtspflege Berlin. Es wurden 55 Kriminalbeamte aus Berlin befragt (vgl. Weschke/ Heine-Heiß 1990, S. 21 ff). Als Ergebnis wurde festgestellt, dass nicht große festgefügte Strukturen dominieren, sondern die Gruppierungen in ein Netzwerk eingebunden waren, bei denen das Zusammenwirken von Straftätergruppierungen und Einzeltätern in unterschiedlichen Strukturen erfolgte (vgl. ebd., S. 43 f).

Im Jahr 1989 wurden mittels Fragebogen Experten aus Wissenschaft, Medien, Justiz, Polizei und anderen Bereichen durch die BKA-Forschungsgruppe befragt. Das Ziel war es die zu erwartende OK-Entwicklung bis zum Jahr 2000 aufzuzeigen (vgl. Dörmann/ Koch et al. 1990, S. 9 ff). Es wurde festgestellt, dass weiterhin die Straftäterverflechtung dominierte (vgl. ebd., S. 18).

Durch die BKA-Forschungsgruppe wurde im Jahr 1992 die Studie zur Logistik der Organisierten Kriminalität (LOOK-Studie) durchgeführt und die internationale KFZ- Verschiebung, die ausbeuterischen Prostitution, der Menschenhandel und das illegale Glücksspiel betrachtet. Es wurden 21 Polizisten, 13 Staatsanwälte und 15 weitere Experten befragt, wobei darunter nur jeweils zwei Vertreter von Prostituiertenvereinigungen und Täter waren (vgl. Sieber/ Bögel 1993, S. 70 ff). Unter Nutzung der Daten der LOOK-Studie hat Bögel weiter untersucht, ob wirtschaftswissenschaftliche Überlegungen auf kriminelle Organisationen und Umweltbeziehungen übertragbar sind (vgl. Bögel 1994, S. 77 ff). In beiden Studien konnte eine enge Verflechtung und effiziente Logistik aufgezeigt werden (vgl. Sinn 2016, S. 11).

Eine andere Methode der Datenerhebung wählte Thomas Ohlemacher, der 1995/96 Gastronomen hinsichtlich ihrer Erfahrungen, Einstellungen und Handlungen zu den Delikten Schutzgelderpressung und Korruption telefonisch und schriftlich befragte (vgl. Ohlemacher 1998, S. 42 ff). Ohlemacher konnte aufzeigen, dass die Delikte weniger verbreitet waren als allgemein angenommen. Ein Systemvertrauen wurde durch die Delikte nur wenig tangiert (vgl. ebd., S. 7 f).

Norbert Pütter führte Gespräche mit 71 Polizisten und Staatsanwälten aus den „alten Bundesländern“ (vgl. Pütter 1998, S. 23). Dies erfolgte im Zeitraum vom 19.5.1994 bis 08.06.1995 (vgl. ebd. S. 421). Es sollte das Verhältnis zwischen den polizeilichen Strategien und Handlungen und dem polizeilichen Gegenüber geklärt, die institutionellen Rahmenbedingungen der OK- Bekämpfung beschrieben und die Relevanz der OK und ihrer Bekämpfung in der öffentlichen Diskussion dargestellt werden (vgl. Pütter 1998, S. 19). Pütter stellt im Ergebnis fest, dass OK ein polizeiliches Konstrukt sei, an dessen Ende die üblichen Beschuldigten auf den ersten Rängen der Verdachtsschöpfung stehen (vgl. ebd., S. 300 ff).

Durch das LKA Baden-Württemberg und das BKA erfolgte eine Forschungskooperation mit dem Max-Planck-Institut in Freiburg. Im Rahmen des Projektes wurden in den Jahren 1994-98 bearbeitete OK-Ermittlungsverfahren untersucht. Schwerpunkt der Untersuchungen waren zum einen die polizeiliche Ermittlungs- und Bewältigungspraxis, aber auch die rechtliche Bewältigung (vgl. Sinn 2016, S. 12). Die Ergebnisse der polizeilichen Ebene wurden durch Weigand und Büchler veröffentlicht (vgl. Weigand/ Büchler 2002) und die Ergebnisse der Justiz durch Jörg Kinzig (vgl. Kinzig 2004). Kinzig stellte fest, dass sich ein desillusionierendes Bild bieten würde, da umfangreiche, komplexe und lange zusammenarbeitende Gruppierungen mit einer hohen Identität forensisch nicht nachzuweisen waren (vgl. Kinzig 2004, S. 771).

Letizia Paoli und das European Monitoring Centre for Drugs and Drug Addiction (EMCDDA) veröffentlichte im Jahr 2000 eine Untersuchung der illegalen Drogenmärkte in Frankfurt und Mailand (vgl. EMCDDA 2000). Es wurden Studien, Lagebilder, Strafverfahren und Medienberichte genutzt. In Frankfurt erfolgten ebenfalls 30 Expertenbefragungen von Mitarbeitern von Strafverfolgungsbehörden, öffentlichen Anbietern von Drogenbehandlungen und Nichtregierungsorganisationen (NGOs) mit einem Bezug zu Drogen, aber auch von 70 Drogenkonsumenten und -lieferanten (vgl. ebd., S. 1). Zum Ergebnis ist festzustellen, dass große hierarchische Organisationen in beiden Städten keine Kontrolle über die Drogenmärkte hatten. Diese waren geprägt durch kleine und volatile Gruppierungen (vgl. ebd., S. 127). Die Studie ist durch die Einbeziehung des Dunkelfeldes interessant (vgl. Neubacher 2019, S. 59).

Das BKA führte von April 2014 bis März 2016 mit dem schwedischen National Council for Crime Prevention (Brå) und dem niederländischen Research and Documentation Centre of the Ministry of Security and Justice (WODC) das Projekt „Cyber-OK - Ausmaß und Ausprägung in ausgewählten EU-Mitgliedsstaaten" durch (vgl. Bulanova-Hristova/ Kasper et al. 2016). Zur Beantwortung der Fragestellung wurde zunächst der nationale und internationale Forschungsstand ausgewertet, anschließend führten die Projektpartner jeweils nationale Studien durch, welche auf Aktenauswertung und Experteninterviews sowie Workshops aufbauten. Anschließend wurden die Ergebnisse verglichen (vgl. Bulanova-Hristova/ Kasper 2019, S. 85). Die Fallstudie für Deutschland zeigt, dass OK-Gruppierungen in den Bereich der Cybercrime eingestiegen und in der Lage sind, Delikte der Cybercrime im engeren Sinne zu begehen. Ebenfalls konnte belegt werden, dass Cybercrime organisiert, arbeitsteilig und konspirativ begangen wird (vgl. Bulanova-Hristova/ Kasper 2019, S. 108).

Aus den skizzierten einzelnen Forschungsprojekten ergibt sich, dass die meisten empirischen Untersuchungen als Grundlage Informationen haben, welche direkt oder indirekt von Strafverfolgungsbehörden und vor allem der Polizei stammen. Nur in seltenen Fällen stammen diese von Straftätern mit OK- Bezügen (vgl. Besozzi 1997, S. 50 ff). Deutlich wird bei der Betrachtung der empirischen Forschungsprojekte, dass diese zeitgleich zur Diskussion über die die Begrifflichkeit und Existenz von OK in Deutschland Anfang der 1970er Jahre starteten. Wesentliche Projekte fanden zu Zeiten polizeilicher und politischer Diskussion zur Organisierten Kriminalität Ende der 1980er und zu Beginn der 1990er Jahre statt. Hierbei wurden insbesondere OK-Strukturen betrachtet. Danach verlagerte sich dieses stärker auf einzelne Deliktsfelder und regionale Strukturen. Es fehlt jedoch ein theoretisches Konzept von Organisierter Kriminalität, was es für empirische Studien schwierig macht, diese nachvollziehbar zu beschreiben (vgl. Wessel 2001, S. 110). Die bisherigen Studien können durch die Beschränkung auf Experteninterviews, durch lokale Einschränkungen und Schätzungen ohne forensische Überprüfungen der Aussagen nur eine Teilmenge der OK abbilden. Sie können nur bedingt für eine belastbare Aussage zu Organisierter Kriminalität in Deutschland herangezogen werden (vgl. Sinn 2016, S. 11).

Generell bleiben bei empirischen Forschungsprojekten zur OK zahlreiche Einschränkungen, die diese erschweren. So ist ein generelles Problem der Forschung die Schwierigkeit der Datenerhebung bei Polizei und Justiz, aber auch bei Straftätern, eine mögliche Eigengefährdung des Forschers und sachfremde Einflussnahmen durch öffentliche Stellen und Wirtschaftsunternehmen (vgl. von Lampe/ Knickmeier 2018, S. 19 ff). Die Forschung kann die Methoden der Opfer- und der Selbstauskunft nicht nutzen, da das OK-Konzept nur schwer zu beschreiben ist und zahlreiche Delikte häufig keine individuellen Opfer erzeugen, die als Informationsquelle dienen können (vgl. Gimenez-Salinas Framis 2017, S. 9).

Allerdings zeigen die skizzierten Erkenntnisse zu empirischen Forschungen zur Organisierten Kriminalität auf, dass Polizei (und andere Strafverfolgungsbehörden) bei vielen empirischen Untersuchungen eine prominente Rolle als Auftraggeber der Studien, aber auch als Datengrundlage im Rahmen von Experteninterviews oder Aktenauswertungen bilden. Die Organisation Polizei gestaltet also die empirische Forschung zu OK und ihre Ergebnisse erheblich mit, was eine hohe Definitionsmacht für die Polizei indiziert. Diese Definitionsmacht der Polizei für das Phänomen der OK wird im nächsten Kapitel zusammenfassend aufgezeigt.

6. Die Definitionsmacht der Polizei und Reflexion auf die Untersuchungsannahme sowie die forschungsleitende Frage 4

In diesem Kapitel soll zunächst die Definitionsmacht der Polizei näher erläutert werden um anschließend auf die Untersuchungsannahme sowie die forschungsleitende Frage 4 reflektieren zu können.

Der Begriff der Definitionsmacht, der in der Kriminalsoziologie überwiegend negativ konnotiert ist, wurde in den 1970er Jahren in Deutschland geprägt. Er beschreibt die durch weite Handlungsspielräume von Polizeibeamten beeinflusste kriminalstatisch erzeugte Kriminalität als soziales Konstrukt. Durch die Definitionsmacht wird die sozial vorstrukturierte Möglichkeit beschrieben, eine Situation für andere verbindlich zu definieren (vgl. Feest/ Blankenburg 1972, S. 19). Dieser Grundgedanke findet sich auch in dem in den 1970er Jahren als Kriminalisierungstheorie entwickelten Etikettierungsansatz (Labelling Approach). Er richtet den Fokus auf den Aushandlungsprozess von Wirklichkeitsdefinitionen, welche Kriminalität erst zuschreibt. Das Entscheidende liegt darin, dass Kontrollverhalten zur Sichtbarmachung kriminellen Verhaltens führt und damit das Problem schafft (vgl. Kunz/ Singelnstein 2016, S. 169 f).

Aus den bisherigen Ausführungen wird bereits deutlich, dass überwiegend durch Polizei entschieden wird, was als OK definiert wird. Durch den genuin klandestinen Charakter nimmt die Definitionsmacht der Polizei naturgemäß zu, da OK-relevante Strukturen nur durch „Ausleuchtung" durch die Polizei ins Hellfeld geholt werden können. Die überwiegende Anzahl der OK-Verfahren sind der Kontrollkriminalität zuzuordnen und werden durch eigene (proaktive) Ermittlung im Rahmen von Initiativermittlung oder als Erkenntnisse aus anderen (OK-) Strafverfahren generiert. Damit liegt die Definitionsmacht überwiegend bei der Polizei. So hat diese nicht nur den OK-Begriff in Deutschland eingeführt, sondern sie bestimmt auch die Definitions- und Indikatorengenese (vgl. Wessel 2001, S. 61). Dies führt dazu, dass die Organisation Polizei die Deutungshoheit darüber hat, was unter OK zu verstehen ist. Prägend für das Hellfeld ist das Bundeslagebild OK, welches ausschließlich die polizeiliche Klassifizierung und Erfassung zeigt, aber auch keine Aussagen über Qualität und Quantität des Dunkelfeldes zulässt.

Das Dunkelfeld wird in der angewandten Kriminologie zumeist durch Dunkelfeldforschung, also empirische Forschung bestimmt. Es konnte aufgezeigt werden, dass die Dunkelfeldforschung zu Organisierter Kriminalität polizeilich geprägt ist. Polizei ist zum einen bei zahlreichen Projekten Auftraggeber oder in das Forschungsdesign im Rahmen von zu befragenden Experten dominierend. Die Auswertung von Akten aus OK-Ermittlungsverfahren hat als Gegenstand eine zuvor getroffene polizeiliche Entscheidung. Dunkelfeldforschungen, die nicht bei Strafverfolgungsbehörden, sondern Straftätern ansetzen, sind Ausnahmen und schwierig durchzuführen (vgl. Besozzi 1997, S. 74 f). Zumeist beruht empirische Forschung auf der Auswertung polizeilicher und justizieller Erkenntnisse sowie offenen Datenquellen, allerdings erfolgen immer mehr Projekte die sich auf die Befragung von Straftätern stützen (vgl. von Lampe/ Knickmeier 2018, S. 18 f). Dies allerdings weniger in Deutschland. Somit bestimmt Polizei in Deutschland weitestgehend unmittelbar oder mittelbar die empirische OK-Forschung und manifestiert dadurch die polizeiliche Definitionsmacht. Die Anzahl an Forschungsprojekten mit OK-Bezug hat in den letzten Jahren zwar zugenommen, allerdings verbleiben diese zumeist bei Prävention und Bekämpfung und weniger bei der Beschreibung, Messung und Erklärung von OK (vgl. von Lampe/ Knickmeier 2018, S. 37 ff). Somit werden die Grundlagenforschungen wie beispielsweise von Kerner, Rebscher und Vahlenkamp, Weschke und Heine-Heiß sowie Sieber und Bögel nicht fortgeführt. Im Ergebnis fehlen Daten zur Bestimmung des Dunkelfeldes und der Theoriebildung, so dass die polizeiliche Definitionsmacht strukturell nicht durchbrochen werden kann.

Eine Kritik am Hellfeld ist, dass der Verfahrensgang eines Ermittlungskomplexes von der Polizei, über die Staatsanwaltschaft bis zu einer gerichtlichen Entscheidung nicht nachvollziehbar ist. Es ist nicht prüfbar was von einem OK-bejahenden polizeilichen Anfangsverdacht am Ende bleibt (vgl. Wessel 2001, S. 114 f). Im Rahmen der Allgemeinkriminalität ist dieser mehrstufige Ausfilterungsprozess zumindest im Trichtermodell nachvollziehbar (vgl. Kunz/ Singelnstein 2016, § 19 Rn. 2 ff). Dieses fehlt für den OK-Bereich. Eine solche Relevanz zeigt die Untersuchung von Jörg Kinzig auf, der im Rahmen einer Aktenanalyse polizeilich angenommene umfangreiche, komplexe und lange zusammenarbeitende Gruppierungen mit einer hohen Identität forensisch nicht nachzuweisen vermochte (vgl. Kinzig 2004, S. 771). Auch Rebscher und Vahlenkamp zeigten bereits 1988 auf, dass Ermittler in fallorientiert ermittelnden Dienststellen dem Trugbild einer eigenständigen kriminellen Organisation unterliegen können und somit das Bild einer kriminellen Vereinigung von der Polizei „künstlich erzeugt“ werden kann (vgl. Rebscher/ Vahlenkamp 1988, S. 29 f). Die fehlenden empirischen Untersuchungen zu polizeilichen Einschätzungen von Ermittlungsverfahren führen dazu, dass eine durch die Polizei erfolgte Definition eines Sachverhaltes als OK keiner einzelfallbezogenen Mikro-Überprüfung zugänglich ist.

Ebenfalls existiert keine Makrountersuchung, wie im Bereich der allgemeinen Kriminalität mit dem Trichtermodell, zum Verfahrenslauf. Somit verbleibt alleinig die polizeiliche Einschätzung eines Sachverhaltes als prägend für das Hellfeld.

Ein weiterer relevanter Aspekt hinsichtlich der Definitionsmacht der Polizei ist die Ressourcenzuordnung und die Dienststellenstruktur. So können Ermittlungen in Sachverhalten, die als OK-relevant eingestuft werden, nur erfolgen, wenn polizeiliche Ressourcen zur Verfügung gestellt werden. Erfolgt dieses nicht, wird der Sachverhalt im Rahmen allgemeiner Kriminalität bearbeitet. Die Dienststellenstruktur hat eine erhebliche Rolle, da durch diese Arbeitsbereiche und damit die zunächst zu betrachtende Deliktsbereiche (vor-) bestimmt werden. Dem eigentlichen polizeilichen Tatverdacht wird ein aktives Tätigwerden vorgeschaltet (vgl. Kinzig 2004, S. 792 f). Durch die Vorverlagerung bekommt die Polizei eine hohe Definitionsmacht, da sie selber kriminal- bzw. sicherheitspolitische Schwerpunkte setzen kann (vgl. ebd. S. 441, S. 792). Durch Polizei wird einem Strafverfahren in einem frühen Ermittlungsstadium die Bezeichnung OK angeheftet - oder gerade nicht. Dies Bezeichnung kann jedoch auch vergeben werden, ohne dass sichergestellt ist, dass es sich wirklich um OK handelt und gleichzeitig werden erhebliche Strafverfolgungsmaßnahmen legitimiert (vgl. Neubacher 2019, S. 60 f). Dieses zeigt die erheblichen Auswirkungen dieser Klassifizierung, da die Eingriffstiefe der durchzuführenden Maßnahmen von der (polizeilichen) Einschätzung abhängt und später kaum revidierbar sein dürfte.

Dieser Gedankengang lässt sich von einzelnen Ermittlungsverfahren auch weiter zu kriminalpolitischen Forderungen ziehen. So war die Definitions- und Indikatorgenese von Anfang an mit polizeilichen Forderungen nach einer Neuordnung der polizeilichen Informationsverarbeitung, Veränderung der polizeilichen Strukturen und der Ausweitung von Fahndungsbefugnissen unter Nutzung veränderter Rechtsgrundlagen verbunden (vgl. Wessel 2001, S. 63). Diese haben ihren Ursprung zumeist in polizeilichen Forderungen nach neuen Grundlagen, die neue Ermittlungsmöglichkeiten -gerade in technischer, digitaler und biologischer Forensik- aufgreifen. Durch fortschreitende neue technische Möglichkeiten wird das Recht zumeist zeitlich den strafprozessualen Maßnahmen für Sicherung und Auswertung von möglichen Beweismitteln folgen, was Fragen nach einschlägigen gesetzlichen Grundlagen und deren Voraussetzungen zur Verwertung der Erkenntnisse immer wieder aufwerfen wird (vgl. Czerner 2017, S. 265). Hieraus entwickeln sich dann, unter Verweis auf die Gefährlichkeit und des Bedrohungspotentiales von OK, Forderungen nach weitergehenden eingriffsintensiven Maßnahmen. Somit definiert Polizei nicht nur das einzelne Ermittlungsverfahren als OK, sondern liefert auch die kriminalpolitische Begründung für die Notwendigkeit neuer eingriffsintensiver Maßnahmen. Basierend auf diese Ausführungen soll die Untersuchungsannahme

„Die polizeiliche OK-Bekämpfung in Deutschland ist derzeit strukturell viel zu selbstreferenziell ausgerichtet, was die Aussagekraft kriminalstatistischer phänomenologischer Lagebilder und damit die notwendige Problembeschreibung zur Fortentwicklung sicherheitsbehördlicher Strategien und kriminalstrategisch sachgerechter Politikberatung bottom-up einschränkt."

als nächstes hinsichtlich ihrer Validität überprüft werden, um daran anschließend im nächsten Kapitel die vierte Fragestellung „Kann das phänomenologisch weite Feld der OK in der bisherigen polizeilichen Struktur der OK-Bekämpfung substantiell objektiviert werden?" aufzugreifen. Hierzu ist zunächst die Untersuchungsannahme mit den bisherigen Feststellungen zusammenzuführen.

Zunächst ist festzustellen, dass der OK- Begriff unscharf und nicht eindeutig bestimmt ist. Objektive Lagebilder sind schwer zu erstellen, da eine objektive Messung unweigerlich eine konzeptionelle Klarheit benötigen würde (vgl. von Lampe 2004, S. 85). Das kriminalstatistische phänomenologische Lagebild ist das Bundeslagebild OK. Dieses ist ein Nachweis dessen, was durch Polizei als OK erfasst wird. Es erlaubt keinen Rückschluss auf tatsächlich vorhandene OK, sondern zeigt vielmehr die polizeiliche Bewertung von Ermittlungsverfahren. Die Unschärfe des Begriffes führt dazu, dass die Polizei einen weiten Spielraum und somit eine hohe Definitionsmacht bei ihrer Einschätzung hat, was sie als OK definiert und im Bundeslagebild erfasst.

OK-Verfahren sind überwiegend der Kontrollkriminalität zuzuordnen und werden durch proaktives Handeln der Polizei wie Initiativermittlungen, Abtrennungen aus anderen Ermittlungsverfahren oder verdeckten Quellen generiert. Somit bestimmt Polizei über die geführten Ermittlungsverfahren relativ autark. Eine relevante Rolle spielen auch polizeiliche Strukturen. Spezialisierte Bereiche führen automatisch zu einer höheren Anzahl an Ermittlungsverfahren in genau diesen Bereichen (vgl. Feltes 2019, S. 65). Bei der Weiterführung dieses Gedankens ergibt sich, dass Ermittler und Analysten mit einem sehr engen Zuständigkeitsbereich gerade in diesem (kleinen) Zuständigkeitsbereich Ermittlungsverfahren generieren. Als Ausfluss dieser spezifischen Tätigkeit wird so die Notwendigkeit des Arbeitsbereiches immer wieder legitimiert.

Die Justiz weicht gegenüber der polizeilichen Einschätzung oft nach unten ab, was auf eine partielle Überbewertung der Deliktsschwere durch die Polizei hindeutet (vgl. Kunz/ Singelnstein 2016, § 16 Rn. 5). Dies findet sich auch für den OK-Bereich. Rebscher und Vahlenkamp zeigten auf, dass fallorientierte Ermittler das Trugbild einer kriminellen Organisation konstruieren können (vgl. Rebscher/ Vahlenkamp 1988, S. 29) wohingegen Kinzig im Rahmen der durchgeführten Aktenauswertung keine komplexen kriminellen Gruppierungen feststellen konnte (vgl. Kinzig 2004, S.771).
Eine Zusammenführung dieser Gedanken ergibt, dass die Polizei aufgrund der Unschärfe des OK-Begriffes, der geringen Aussagekraft des Hellfeldes, der Zuordnung der meisten Delikte zur Kontrollkriminalität, der proaktiven Generierung von Ermittlungsverfahren, der Dienststellenstruktur und ihrer Auftragszuständigkeit exklusiven Einfluss auf die OK-Zuordnung eines Sachverhaltes besitzt. Durch die Erfassung zum Bundeslagebild OK bestimmt sie über das Hellfeld und somit über das vorhandene kriminalstatistische phänomenologische Lagebild. Demgegenüber gibt es nur wenig korrigierende empirische Forschung. Somit lässt sich festhalten, dass die Organisation Polizei weitestgehend exklusiven Einfluss auf das relevante Lagebild nimmt und dieses definiert. Die kriminalstatistischen OK-Lagebilder haben keine Aussagekraft hinsichtlich des tatsächlichen OK-Aufkommens und lassen keine Rückschlüsse auf das Dunkelfeld zu. Unabhängig von der Institution Polizei erlangte Erkenntnisse liegen nur in geringem Maße vor. Somit sind Quellen zur Organisierten Kriminalität überwiegend polizeiliches bzw. polizeilich erlangtes Datenmaterial. Die Problembeschreibung zur Fortentwicklung sicherheitsbehördlicher Strategien liegt somit bei der Organisation Polizei. Strategien werden zumeist ausschließlich durch die Organisation Polizei erstellt und stützen sich auf polizeiliche Erkenntnisse und Daten, die jedoch wenig objektive Aussagekraft haben und an denen andere Institutionen und die Wissenschaft kaum beteiligt sind. Eine übergreifende Kriminalstrategie zur OK-Bekämpfung in Deutschland existiert nicht. Dies führt dazu, dass die polizeiliche OK-Bekämpfung in der Struktur selbstreferenziell ausgerichtet ist.
Das Datenmaterial und das Lagebild, das durch die Polizei generiert wird, wird durch diese argumentativ zur kriminalstrategischen Forderungen nach mehr und tiefergehenden Eingriffsbefugnissen, unter Verweis auf das Bedrohungspotential von OK, genutzt (vgl. Wessel 2001, S. 161). Somit werden in der Konsequenz polizeiliche Forderungen nach weitergehenden Eingriffsmöglichkeiten an die Politik adressiert und mit (polizeilichen) kriminalstatistischen Daten argumentativ unterlegt. Damit ist die kriminalstrategische Politikberatung

bottom-up eingeschränkt. Diese Ausführungen bestätigen die Validität der Untersuchungsannahme. Die vierte Forschungsfrage „Kann das phänomenologisch weite Feld der OK in der bisherigen polizeilichen Struktur der OK-Bekämpfung substantiell objektiviert werden?“ dahingehend beantwortet werden, dass zur Objektivierung strukturelle Modifizierungen im Deliktsbereich OK erfolgen müssten. Im Folgenden wird dargestellt, wie entsprechende Modifizierungen aussehen könnten, um mittels aussagekräftiger Kriminalstatistiken eine kriminalstrategische Sicherheitsstrategie mit einer objektiven Schwerpunktsetzung zu entwickeln. Dies könnte die strukturelle Selbstreferenz und bottom-up gesteuerte Politikberatung durchbrechen. Darauf aufbauend wird dargestellt, wie eine solche Kriminalstrategie die Generierung und qualitative Bewertung von einzelnen Strukturermittlungsverfahren im Sinne einer Schwerpunktbildung unterstützen kann. Abschließend werden einige damit verbundene weitere Aspekte dargestellt.

7. Möglichkeiten zur objektiven Generierung und Bewertung von OK- Ermittlungen

Eine (erneute) Sensibilisierung der Strafverfolgungsbehörden zum OK-Thema muss erfolgen (vgl. Bannenberg 2020, S. 207). Dieses gilt zum einen für das Phänomen, aber auch hinsichtlich der hohen Definitionsmacht bei der OK-Zuordnung von Sachverhalten. Diese Sensibilisierung könnte dazu führen, dass eine Zuordnung zukünftig bewusster erfolgt und das bisher selbstreferenzielle System durchbrochen wird.

Das Milieu, in dem OK-relevante Gruppierungen agieren, kann in Mikro-, Meso- und Makroebene unterteilt werden. Die Mikroebene betrifft die enge Umgebung, in der diese einzelnen Gruppierungen agieren sowie ihre individuellen kriminellen Aktivitäten. Die Makroebene setzt den größtmöglichen Rahmen (Märkte, damit verbundene Industrie, große Netzwerke auf internationaler bzw. globaler Ebene). Veränderungen auf der Makroebene haben Einfluss auf die kriminellen Aktivitäten der jeweiligen Gruppierung, also die Mikro-Ebene. Die Meso-Ebene stellt dar, was dazwischen existiert, also jenseits des Mikros liegt aber weniger als das Makro ist (vgl. Kruse/ Svendsen 2017, S. 84). Die bisherigen Analysen haben gezeigt, dass diese Unterscheidung der verschiedenen Ebenen hinsichtlich der Generierung und Bewertung von Ermittlungsverfahren insbesondere auf zwei Ebenen zutreffend ist, der strategischen (Makro) und der operativen (Mikro). Die strategische Ebene betrifft die Elemente, die losgelöst vom einzelnen Sachverhalt Einfluss haben. Die operative Ebene umfasst die direkt mit dem einzelnen Ermittlungsverfahren bzw. der einzelnen Gruppierung verbundenen Einflüsse. Dieses ist ebenfalls stimmig zur Binnenstruktur der Kriminalwissenschaften und der Kriminalistik. Die Kriminalpolitik steht außerhalb der Kriminalwissenschaften (vgl. Clages 2019, S. 2 ff.) Kriminalpolitik beschreibt die Gesamtheit aller staatlichen Maßnahmen zur Verbrechensverhütung und -bekämpfung und umfasst staatliche und nichtstaatliche Akteure (vgl. Berthel/ Lapp 2017, S. 21). Vorgaben der Kriminalpolitik erfolgen an die Institutionen der Kriminalitätskontrolle (vgl. Clages 2019, S.2). Die Kriminalstrategie hat eine wichtige Scharnierfunktion zur Kriminalpolitik (vgl. Berthel/ Lapp 2017, S. 21). Eine Kriminalstrategie beinhaltet die langfristige Planung und übergreifende Koordinierung operativer Maßnahmen zur Verwirklichung kriminalpolitischer Ziele wie Einsatzkonzeptionen, Vorbeugungsmaßnahmen und Personal- und Entwicklungspläne. Die Kriminaltaktik beinhaltet das Vorgehen zur Erforschung und Verhütung von Straftaten. Sie beinhaltet praktische Regeln für das Vorgehen der Polizei (vgl. Göppinger 1997, S.

40 f). Somit entspricht die Kriminalstrategie der Makro-Ebene und die Kriminaltaktik der Mikro-Ebene. Die Trennlinien sind allerdings oft nicht scharf. Es ist evident, dass Einflüsse auf der Makro-Ebene der OK-Bekämpfung, also im Rahmen einer übergeordneten Kriminalstrategie, eine starke Auswirkung haben. Dementsprechend sind bei einer Betrachtung hinsichtlich einer substantiellen Objektivierung vornehmlich Modifizierungen im Bereich der Kriminalstrategie zu betrachten. Diese wirken sich auf (nahezu) sämtliche Ermittlungsverfahren aus. Eine Grundlage für die Entwicklung einer Kriminalstrategie ist u.a. ein aussagekräftiges Lagebild bzw. Kriminalstatistik. Diese kann Grundlage für eine kriminalpolitisch geprägte Kriminalstrategie im Sinne eines Bedrohungsszenarios sein, welches dann zur kriminalstrategischen Schwerpunktbildung und darauf aufbauend als Priorisierungsgrundlage für einzelne OK-Ermittlungsverfahren genutzt werden könnte.

7.1. Modifizierung der Kriminalstatistik zu einer Bedrohungsanalyse

Die hohe Definitionsmacht der Polizei im Phänomenbereich der OK zeigt sich speziell bei der Selektion der einzelnen Verfahren. OK wird entdeckt, wenn Polizei eigeninitiativ ermittelt, ansonsten gäbe es weder Fälle noch Tatverdächtige (vgl. Bannenberg 2020, S. 206). Damit dieses sachgerecht erfolgen kann sollte zumindest kriminalstrategisch vorgegeben werden, in welchen strategischen Bereichen bzw. Deliktsfeldern die Organisation Polizei „suchen“ soll. Hierzu sollten Strategien entwickelt werden, die möglichst objektive Entscheidungen ermöglichen. Das Ziel einer solchen Steuerung ist nicht nur die OK-verdächtigen Kriminalitätsbereiche auszuleuchten, sondern dieses objektiv und umfangreicher durchzuführen, um die aufgezeigte Selbstreferenz zu durchbrechen. Um dieses durchzuführen wäre ein aussagekräftiges Lagebild zu erstellen, aus dem ein Bedrohungsszenario entwickelt und eine Kriminalstrategie hergeleitet werden könnte.

7.1.1 Ergänzungen zum Bundeslagebild OK

Eine besondere Rolle für die Makro-Ebene spielt das Hellfeld, welches durch das Bundeslagebild OK geprägt und zur Legitimierung von kriminalpolitischen Forderungen genutzt wird. Es wurde bereits dargestellt, dass dieses keinen Rückschluss auf die tatsächliche Existenz von OK erlaubt und lediglich polizeiliches Registrierverhalten wiedergibt. Kriminalstatistiken sind aber selbstverständlich relevant, da sie etwas über das Kontrollverhalten aussagen und ihr Gebrauchsnutzen das Ausmaß und die Inhalte der förmlichen Kriminalitätskontrolle zeigen (vgl. Kunz/ Singelnstein 2016, § 16 Rn. 14). Dem Bundeslagebild OK sollte objektiveres Datenmaterial entgegengesetzt werden. Besonders gilt dies, da das Hellfeld abhängig von der Ermittlungsintensität der Strafverfolgungsbehörden ist und bei gleichbleibenden Rahmenbedingungen hinsichtlich der Dauer von Ermittlungsverfahren und der Anzahl der eingesetzten Kräfte eine hohe Konstanz erreichen wird (vgl. Mörbel 2000, S. 47). Dieses zeigt sich auch tatsächlich in der hohen Konstanz der bearbeiteten Verfahren im Hellfeld. Die hohe Konstanz der Deliktsbereiche indiziert ebenfalls, dass kontinuierlich identische Kriminalitätsbereiche ausgeleuchtet werden. Daher sind weitergehende Daten als das Bundeslagebild OK als Grundlage für Aussagen zu tatsächlich vorhandener OK heranzuziehen. Weitergehende Daten könnten aus polizeifremden Quellen zu verschiedenen Deliktsbereichen erlangt werden. Hinsichtlich der Drogenkriminalität könnten dies der „EU Drug Markets Report“ (vgl. EMCDDA 2019), der „European Drug Report 2021: Trends and Developments“ (vgl. EMCDDA 2021) und der „World Drug Report 2021“ (vgl. UNODC 2021) sein. Im Bereich der Wirtschaftskriminalität könnten Erhebungen von Wirtschaftsprüfungsgesellschaften, wie bspw. der „Global Economic Crime and Fraud Survey 2020“ von PwC (vgl. PwC 2020) oder die Studie zu Wirtschaftskriminalität 2020 von KPMG (vgl. KPMG 2020), genutzt werden. Die hier nur beispielhaft genannten Quellen könnten polizeiliche Daten mit umfangreichen Erkenntnissen, die nicht aus polizeilichen Quellen stammen, ergänzen. Durch Zusammenführung der Erkenntnisse würde die Organisation Polizei als dominierender Faktor zumindest ein Stück zurücktreten.

Es könnte bei der Zusammenführung entsprechender Daten ein dem Bundeslagebild OK übergeordneter Sicherheitsbericht zur Organisierten Kriminalität erstellt werden. Die Kombination verschiedener Datenquellen würde die Definitionsmacht der Polizei für das Hellfeld beschränken und Politik in die Lage versetzen, polizeiliche und gewerkschaftliche Forderungen nach Normierung von neuen eingriffsintensiven Maßnahmen zu objektivieren und somit die Polizei im Sinne einer Kriminalpolitik stärker top-down steuern. In Deutschland gibt es bereits den periodischen Sicherheitsbericht, welcher in den Jahren 2001, 2006 und 2021 erschien. Dieser soll

„(…) als Erkenntnisgrundlage einer evidenzbasierten Kriminalpolitik dienen und eine Basis für die Erstellung wirksamer Konzepte zur Kriminalitätsvorbeugung und -bekämpfung sowie diesbezüglicher gesetzgeberischer und sicherheitsbehördlicher Maßnahmen bieten" (BMI/ BMJV 2021, S. 12).

Im dritten periodischen Sicherheitsbericht (2021) wurden als drei Schwerpunktthemen Gewaltkriminalität (1), Grooming, Stalking und Mobbing im digitalen Raum (2) und rechtsmotivierte Straftaten einschließlich Rechtsterrorismus (3) gesetzt. Ausführungen zur OK finden sich insbesondere in Verbindung zum Schwerpunkt Gewaltkriminalität, sind jedoch eher gering (vgl. BMI/ BMJV 2021, S. 88). Ein OK-Sicherheitsbericht würde den Forderungen des Forums 2015 des Kriminalistischen Institutes des BKA, wonach das Bedrohungspotential der OK durch eine optimierte Lagedarstellung präziser dargestellt werden sollte, entsprechen. Dieser würde Ausmaß und Wirkung von OK für die Gesellschaft greifbarer machen, über eine schwerpunktmäßig retrograde Erfassung hinausgehen und eine genauere Darstellung des Bedrohungspotentials ermöglichen (vgl. Voss-de Haan/ Lippert et al. 2015, S. 477). Da dieses keine retrograde Beschreibung, sondern eine zukunftsorientierte Erfassung ist, wird der Aspekt der notwendigen Zukunftsorientierung als nächstes betrachtet.

7.1.2 Zukunftsorientierung im Sinne eines intelligence-led policing

Eine der frühesten Beschreibungen von Erfordernissen zur OK-Bekämpfung war die nach einem rechtszeitigen Einstellen auf die Entwicklungen (vgl. Boettcher 1973, S. 36). Dies indiziert eine Zukunftsorientierung. Das Bundeslagebild OK erscheint jährlich im Herbst und hat als Grundlage die gemeldeten Verfahrensdaten des Vorjahres. Bei Berücksichtigung der durchschnittlichen Verfahrensdauer von 20 Monaten (vgl. BKA 2020, S. 43) wird deutlich, dass Verfahren berücksichtigt werden, über deren OK-Relevanz im Rahmen der Verfahrenseinleitung schon vor längerer Zeit entschieden wurde. Im Gegensatz zur PKS, die eine Ausgangsstatistik ist (vgl. Kunz/ Singelnstein 2016, § 16 Rn. 2), erfolgt die Erfassung zum Bundeslagebild OK am Ende des Kalenderjahres. Die dort gemeldeten Verfahren müssen nicht abgeschlossen sein, was die Statistik etwas aktualisiert. Aufgrund des Zeitverzuges wird jedoch das Bundeslagebild OK zeitlich immer zurück sein. In Verbindung mit der fehlenden Aussagekraft zu tatsächlich vorhandener OK ist es daher kaum geeignet, valide Aussagen zu Trends und Entwicklungen im Sinne einer Zukunftsorientierung zu treffen.

Ein internationales Beispiel für eine zukunftsorientiert ausgerichtete Bedrohungsanalyse ist der von Europol erstellte SOCTA-Report, welcher sowohl Informationen für Praktiker und Öffentlichkeit als auch für Entscheidungsträger liefert. Er legt aktuelle und erwartete Entwicklungen im gesamten Spektrum der Schweren und Organisierten Kriminalität dar, identifiziert die wichtigsten kriminellen Gruppen und Einzelpersonen, die in der EU an kriminellen Aktivitäten beteiligt sind und beschreibt die Faktoren die die Schwere und Organisierte Kriminalität in der EU prägen (vgl. Europol 2021, S. 8). Der SOCTA-Report beruht auf von Europol zusammengetragenen internen und externen Daten. Quellen der Daten sind Europol, andere EU-Agenturen, die EU-Mitgliedsstaaten, Nicht-EU-Mitgliedsstaaten, andere Partner von Europol inklusive der Wissenschaft und Vertretern des privaten Sektors (vgl. ebd., S. 100 f). Damit ist der SOCTA-Report geeignet, Informationen für zukünftige Entwicklungen zu liefern die in einer Kriminalstrategie und der dazugehörigen Schwerpunktsetzung und Ressourcensteuerung berücksichtigt werden können. Eine solche Bedrohungsanalyse mit Limitierung auf Deutschland würde eine Grundlage für eine zukunftsorientierte Kriminalstrategie bilden und die Definitionsmacht der Polizei im Bereich der OK einschränken. Es wäre eine Grundlage für proaktives Agieren geschaffen und der Prozess der Politikberatung und Schwerpunktsetzung wäre wieder stärker top-down möglich.

Ein weiteres Beispiel könnte hier die Entwicklung einer nationalen Strategie wie der britischen Strategie „Tackling serious and organised crime“ vom 23.05.2019 sein. Neben der Darstellung der nationalen Lage wird auch eine Strategie vorgestellt, die neben Strafverfolgung ebenfalls die Aspekte Verhindern, Verfolgen, Schützen und Vorbereiten beinhaltet. Die Vorteile einer Analyse gegenüber einem Lagebild liegen darin, dass nicht nur polizeiliche Ermittlungen abgebildet, sondern OK-Hintergründe fortgeschrieben und auf den Prüfstand gestellt werden (vgl. Bannenberg 2020, S. 205). Ein vergleichbares Beispiel ist die „National Strategy against Organized Crime and Serious Crime 2019-2023“ der spanischen Regierung, die ebenfalls einen Schwerpunkt darauf legt Bedrohungen aufzuzeigen (vgl. Gobierno de España 2019).

Aus einem zukunftsorientierten Bedrohungsszenario könnte dann eine fundierte kriminalstrategische Schwerpunktsetzung für polizeiliche Tätigkeit im Sinne eines intelligence-led policing erfolgen. Der Begriff des intelligence-led policing umfasst ein vielschichtiges Konzept, dessen inhaltliche Bedeutung in Abhängigkeit vom Kontext variiert. Der Kern liegt in einer zukunftsorientierten Auswertung vorliegender Informationen, um daraus Schlussfolgerungen für polizeiliche

Schwerpunktsetzung zu generieren. Dazu genutzte Erkenntnisse kommen nicht ausschließlich aus polizeilichen Quellen, sondern auch von anderen Behörden (vgl. Schröder 2019, S. 629). Eine zukunftsorientierte Betrachtung hat den Grundgedanken, wonach sich ein kriminelles Phänomen aus bestimmten Faktoren entwickelt und nicht einfach so entsteht (vgl. Gimenez-Salinas Framis 2017, S. 13). Die Herausforderung ist es, Techniken im Sinne einer Rasterung zu entwickeln und zu nutzen, um zukünftige Entwicklungen vorauszusagen. OK-Gruppierungen nutzen umweltbedingte Vorteile, die alle Dimensionen der Gesellschaft wie politische (**p**olitical), ökonomische (**e**conomic), soziale und demographische (**s**ocial and demographic), technische (**t**echnological), rechtliche (**l**egal) und ökologische (**e**nvironmental) Faktoren erfassen. Diese sog. PESTLE-Faktoren sind hinsichtlich ihrer crime-relevant factors (CRF) von Interesse. Die Weiterentwicklung dieser Faktoren würde Veränderungen zeigen, die ein unsicherer unkontrollierter Raum bietet und durch OK-Gruppierungen zur Verfolgung ihrer kriminellen Ziele vermutlich genutzt werden wird. Es sollen nicht die schon bekannten Entwicklungen analysiert werden, sondern die nicht-kriminellen Faktoren die Änderungen bedingen. Darauf aufbauend soll deren möglicher Einfluss auf kriminelle Entwicklungen betrachtet werden (vgl. Pastor Pastor/ Larsen 2017, S. 47 ff). Die Nutzung solcher Techniken ist für eine zukunftsorientierte strategische Frühaufklärung notwendig, um frühzeitig auf aufkommende OK-Bedrohungen reagieren zu können. Die retrograde statistische Betrachtung, wie im Bundeslagebild OK, vermag diese Zukunftsorientierung methodisch nicht zu bieten.

Ein aktuelles Beispiel ist der Ökologische Wandel („Green Deal") hin zu einer ressourcenschonenden und nachhaltigeren Gesellschaft, was alle Aspekte der Wirtschaft, Gesellschaft und Technologie betrifft und eine Möglichkeit für Innovationen und finanziellen Erfolg bietet. Die Finanzsysteme und der ökologische Sektor werden immer weiter zusammenwachsen und OK-Gruppierungen werden versuchen durch komplexe Betrugssysteme zu profitieren. Stark betroffene Bereiche werden vermutlich die Abfallentsorgung und die Lebensmittelsicherheit sein (vgl. Europol 2021, S. 93). Hier kann die PESTLE-Analyse helfen, um Veränderungen auf Relevanz und Möglichkeiten für OK-Gruppierungen zu untersuchen. Das Ziel ist die Identifizierung von Bedrohungen um polizeiliche Ressourcen frühzeitig zu steuern. Eine reine Auswertung retrograder statistischer Erhebungen würde dieses nicht ermöglichen, da Polizei zumeist der aktuellen Entwicklung zeitlich hinterherhängt und den Bereich des Ökologischen Wandels spät betrachten würde. Die kontinuierliche und systematische

Anwendung entsprechender Techniken im Rahmen einer zukunftsorientierten Lagebewertung würde die Ersteller dazu verpflichten, zukunftsorientiert zu arbeiten. Damit würde die OK-Bekämpfung strukturell objektiviert werden, da sie sich systematisch von erhobenen Daten aus alten Verfahren und von polizeilichem Erfahrungswissen lösen und gesellschaftliche Entwicklungen (mit)betrachten würde.
Zu Beginn von Ermittlungsverfahren ist oft nicht (eindeutig) feststellbar, ob ein Sachverhalt eine OK-Relevanz besitzt. Organisierte Kriminalität ist nicht immer scharf von Bandenkriminalität zu trennen. Daher müsste im Sinne eines intelligence-led policing eine deliktisch weitergehende Betrachtung erfolgen als im bisherigen Bundeslagebild OK.

7.1.3 Einheitliche Betrachtung von OK und dessen Vorfeldkriminalität

Das Bundeslagebild OK orientiert sich ausschließlich an der Arbeitsdefinition OK der Gemeinsamen Arbeitsgruppe Justiz/ Polizei aus dem Jahr 1990 (vgl. BKA 2020, S.5). Dessen erhebliche Schwächen wurden bereits dargestellt. Ergänzt wird diese definitorische Schwäche durch den klandestinen Charakter von OK, welcher es schwierig macht diese zu erkennen. Die OK-Bekämpfung setzt jedoch voraus, diese zu erkennen (vgl. Sielaff 1996, S. 151). Eine der ersten Forderungen war die Erfassung des Vorfeldes mit seinen kriminalitätsauslösenden und -fördernden Faktoren (vgl. Stümper 1993, S. 81). Durch Zusammenführung und einheitliche Betrachtung des OK-Vorfeldes und der bereits als OK erfassten Sachverhalte wird der Blick auch auf Verfahren im Graubereich gerichtet, die bisher nicht als OK erfasst wurden. Probleme, die durch die Unschärfe des Begriffs und durch mangelnde Ressourcen bei der Polizei für die OK-Zuordnung eines Sachverhaltes entstehen, könnten so zumindest teilweise für eine objektivere Lagebewertung behoben werden. Da OK-Verfahren strafrechtlich fast ausschließlich im Bereich der banden-, gewerbs- und gewohnheitsmäßigen Begehung verortet sind, würde dieses auch die tatsächliche strafrechtliche Dimension widerspiegeln. Es gibt keine scharfe Trennlinie zwischen OK-Verfahren und klassischen Bandendelikten, weshalb diese bei einer Lagebewertung nicht isoliert, sondern kombiniert betrachtet werden sollten. Entwicklungen spiegeln sich zumeist eher niedrigschwellig, also vor einer Zuordnung als OK-relevantes Phänomen. Eine kombinierte Erfassung von OK, dessen Vorfeld und Bandendelikten zu einem zukunftsorientierten Bedrohungsszenario würde die Möglichkeit ergeben, Entwicklungen schneller zu erkennen und zu berücksichtigen. Dies könnte als Grundlage einer Kriminalstrategie dienen. Die Berücksichtigung von Daten aus der empirischen Forschung zu OK würde den Wert und die Objektivität noch steigern.

7.1.4 Notwendiger Ausbau empirischer Forschung zu OK

Empirische Forschung zu OK ist sehr polizeilastig, da ein großer Teil der Forschung als Grundlage polizeiliche Informationen nutzt (vgl. Besozzi 1997, S. 50 ff). Zur Gewinnung objektiverer Daten ist es anzustreben, dieses Schema zu durchbrechen und verstärkt unabhängige empirische Untersuchungen zu ermöglichen. Hierzu könnten von der Organisation Polizei losgelöste kriminologische Institute beauftragt und die Zusammenarbeit mit Universitäten gefördert werden. So erlangte Daten wären eine Ergänzung zum Hellfeld und könnten vor allem genutzt werden, um Veränderungen und Trends frühzeitig zu erkennen. Empirische Forschung würde einen qualitativen Quervergleich des Gefährdungspotentials unterschiedlicher Delikte ermöglichen, was eine rein statistische Betrachtung der Lagebilder nicht ermöglichen kann. Dies wäre ein Aufgreifen empirischer (Grundlagen-) Forschung wie sie von Kerner, Sieber und Bögel, Rebscher und Vahlenkamp, Weschke und Heine-Heiße sowie Pütter durchgeführt wurde und bei der Organisierte Kriminalität weitestgehend ganzheitlich und nicht einzeldeliktisch oder regional betrachtet wurde.
Ein zweiter Ansatz wäre die stärkere Öffnung der Organisation Polizei für polizeiwissenschaftliche Forschung, also für Forschung über die Organisation Polizei. Diese sperrt sich noch häufig gegen Forschung die die Organisation Polizei als Gegenstand hat. So wird dieses meist vom Votum vorgesetzter Stellen abhängig gemacht, Einwände hinsichtlich des Datenschutzes erhoben und damit Feldzugänge versperrt, unerwünschte Themen abgeblockt und nur als „nützlich" anerkannte Forschung gefördert (vgl. Mokros 2015, S. 33 f). Für den OK-Bereich müsste polizeiwissenschaftliche Forschung gerade bei der OK-Zuordnung eines Sachverhaltes ansetzen und die polizeiliche Zuordnungsentscheidung und den Ermittlungsverlauf validieren. Dies würde Fehlerquellen aufzeigen und eine Nachvollziehbarkeit polizeilicher Entscheidungen sicherstellen.
Die Dunkelfeldforschung über Opferbefragungen ist schwierig, da OK zumeist klandestin und in vielen Bereichen „opferlos" ist. In der Methodik hat OK-Forschung häufig die Beobachtung und Befragung von Tätern, bei wenigen Delikten der Opfer und auf der anderen Seite die Auswertung polizeilichen Daten (vgl. von Lampe/ Knickmeier

2018, S. 18 f). Polizeiliche Daten können ein sehr guter Ausgangspunkt sein, sofern diese reflexiv betrachtet werden. Ein Beispiel ist das niederländische Projekt „Monitor Georganiseerde Criminaliteit" (Monitoring Organisierte Kriminalität), bei dem in fünf Erhebungen bisher sukzessive 180 niederländische OK-Verfahren mittels Aktenauswertung und Befragungen von Staatsanwälten und/oder Ermittlungsführern ausgewertet wurden. Die Ergebnisse wurden nach verschiedenen Erhebungsrunden zu unterschiedlichen Themen, wie zuletzt 2019 zu „Georganiseerde criminaliteit in Nederland: daders, verwevenheid en opsporing" („OK in den Niederlanden- Täter, Vernetzungen und Ermittlungen)", veröffentlicht und geben einen sehr guten Einblick in die OK-Situation und OK-Strukturen (vgl. WODC 2019, S. 7 ff). Ein solches Vorgehen, welches Analogien zum Vorgehen von Weigand/ Büchler und Kinzig hinsichtlich der Methodik aufweist, würde auch für Deutschland wertvolle Erkenntnisse zu Organisierter Kriminalität und dem polizeilichen Vorgehen liefern. Es würde polizeiliche und justizielle Daten reflexiv darstellen und objektiver nutzbar machen. Dieses Vorgehen wäre bei konsequenter Durchführung eine retrograde Qualitätssicherung zur Prüfung der OK-Relevanz.

Die Erstellung eines umfassenden zukunftsorientierten nationalen OK-Bedrohungsszenarios, mit Erkenntnissen empirischer Forschung erweitert, wäre eine Grundlage für eine nationale Kriminalstrategie zur OK-Bekämpfung. Ein solches Bedrohungsszenario würde eine objektivere kriminalstrategische Schwerpunktsetzung im Deliktsbereich der OK ermöglichen. Die Möglichkeiten einer Optimierung der kriminalstrategischen Schwerpunktsetzung werden im folgenden Abschnitt dargestellt.

7.2 Optimierung der kriminalstrategischen Schwerpunktsetzung

Kriminalstrategische Schwerpunktsetzungen sind im Sinne einer Business Excellence zu betrachten. Verbesserungsprozesse setzen zunächst eine Strategie voraus, aus denen strategische Ziele und danach Aktivitäten abgeleitet werden. Eine Strategieumsetzung betrifft die gesamte Organisation (vgl. Meran/ John et al. 2014, S. 12 f). Eine Übertragung auf die OK-Schwerpunktsetzung der Gesamtorganisation Polizei führt dazu, dass zunächst eine gesamtorganisatorische Strategie erarbeitet werden müsste, die in strategische Ziele weitergeführt wird um ihren Ausfluss in konkreten Aktivitäten zur OK-Bekämpfung zu finden. Eine Strategie sollte international harmonisiert sein. Kriminalstrategische Ziele sollten auf Bundesebene abgestimmt sein und in konkrete Auswerteprojekte und Ermittlungsverfahren in den Bundesländern und auf regionaler Ebene umgelegt werden. So könnte eine Kriminalstrategie ein Scharnier zwischen der Kriminalpolitik und der Festlegung von Schwerpunkten sein. Da in Deutschland nach Artikel 30 des Grundgesetzes Polizei Ländersache ist, kann dies allerdings nur unter Beachtung der jeweiligen Länderhoheit erfolgen, was gemeinsamen Koordinierungsgremien ein hohes Gewicht gibt.

7.2.1 KOK-Schwerpunktbildungsprozess

Eine hohe Bedeutung bei der kriminalstrategischen Schwerpunktbildung hat die Kommission Organisierte Kriminalität (KOK) der AG Kripo. Dieses Bund/Länder-Gremium, in dem die für die OK-Bekämpfung verantwortlichen Abteilungsleiter von BKA, LKÄ, Bundespolizei und Zoll vertreten sind, hat sich bereits 2015 darauf geeinigt, einen neuartigen KOK-Schwerpunktbildungsprozess einzurichten. Im Mittelpunkt dieses Prozesses stehen zwei Ziele. Dies ist zum einen die systematische Erhebung von OK- Schwer- und Brennpunkten zur systematischen Erhöhung von Reaktionsfähigkeit und Flexibilität. Zum anderen ist dies die Förderung eines arbeitsteiligen und ressourcenschonenden Vorgehens mittels eines projektbasierten Ansatzes. Die Grundlage bilden zwei aufeinander aufbauende Säulen. Dies sind zum einen die systematische Erhebung und Analyse von Schwerpunkten, zum anderen abgestimmte Auswerteprojekte und Ermittlungsverfahren. Dieses entspricht dem skizzierten Ansatz einer Strategieumsetzung im Sinne einer Business Excellence. Zur Umsetzung werden im halbjährlichen Rhythmus durch das BKA OK-Schwerpunkte bei den Landeskriminalämtern, dem Zoll und der Bundespolizei erhoben. Darauf aufbauend erfolgt eine Bündelung und Ergänzung mit Daten des BKA, von Europol und aus anderen Quellen. Am Ende dieses Prozesses steht ein Bericht mit einem Themenranking. Dieser wird wesentlich zur Entscheidungsfindung zur Frage genutzt, welche gemeinsamen und arbeitsteiligen Ermittlungsverfahren und Auswerteprojekte umgesetzt werden sollen (vgl. Schröder 2019, S. 627 ff). Dieses Vorgehen der KOK zeigt, wie eine koordinierte und dynamischere Reaktion auf OK-Phänomene auf Bundeseben aussehen kann. Die Kriminalstrategie im OK-Bereich wird hier um die notwendige Komponente des gemeinsamen Vorgehens erweitert. Bei einer stringenten Umsetzung wären, nach der gemeinsamen Prioritätensetzung durch die KOK, die jeweiligen Vertreter angehalten in ihrem Dienstbereich die gesetzten Schwerpunkte umzusetzen. Dieses wäre eine Steuerung nicht nur des Analyse- und Auswertebereiches, sondern auch die Schwerpunktsetzung von Ermittlungsverfahren.

Das proaktive Vorgehen der Polizei ist ausschlaggebend für die Generierung von Ermittlungsverfahren und die Polizei manifestiert dadurch ihre hohe Definitionsmacht. Im Rahmen der skizzierten KOK-Schwerpunktsetzung kann diese Definitionsmacht dazu genutzt werden, auffällige Bereiche zu priorisieren und zunächst im Rahmen einer Analyse stärker auszuleuchten, um dann gezielt an definierten Schwerpunkten orientiert einzelne OK-Verfahren zu generieren. Eine Koppelung mit internationalen Schwerpunktsetzungen würde Synergien freisetzen und zumindest in Teilen gewährleisten, dass deutsche und europäische Schwerpunkte harmonisiert wären.

7.2.2 Harmonisierung mit dem EU-Policy Cycle

Der EU-Policy Cycle schafft nach Sabine Vogt, der Abteilungsleiterin Schwere und Organisierte Kriminalität im BKA, eine europäische Strategie (vgl. Bulanova-Hristova/ Flach et al. 2015, S. 5). Eine Harmonisierung des KOK-Schwerpunktbildungsprozesses führt bei konsequenter Anwendung zu einer Verbindung des deutschen Ansatzes mit dem EU-Policy Cycle. Der vierjährige EU-Policy Cycle beginnt mit dem Europol SOCTA-Report, welcher als Basis zur Schwerpunktsetzung im Bereich der Schweren und Organisierten Kriminalität dient. Darauf aufbauend wird eine begrenzte Anzahl von Prioritäten durch den Rat der EU festgelegt und ein allgemeiner mehrjähriger Strategieplan mit gemeinsamen horizontalen strategischen Zielen entwickelt. So soll ein multidisziplinärer, integrierter und integraler Ansatz (der sowohl präventive als auch repressive Maßnahmen umfasst) erreicht werden. Im dritten Schritt erfolgt die Entwicklung, Umsetzung und Überwachung von jährlichen operativen Aktionsplänen (OAPs). Die derzeit 15 OAPs enthalten operative Maßnahmen zur Bekämpfung der Kriminalität in den 10 Bereichen, die den EU-Kriminalitätsprioritäten entsprechen. Zu den OAPs können zusätzliche strategische Ziele hinzugefügt werden, die auf spezifische Bedürfnisse zugeschnitten sind. Der vierte Schritt ist die Evaluierung, welche neue Ansätze für den nächsten SOCTA-Report und nächsten EU-Policy Cycle liefert (vgl. Council of the European Union 2014; vgl. Europol 2021a).

Bei einer Harmonisierung wäre sichergestellt, dass die deutschen Schwerpunkte mit denen in Europa übereinstimmen. Da OK ein internationales Phänomen ist, ist gerade die internationale Schwerpunktsetzung erforderlich. Diese muss von der europäischen Ebene ausgehend auf den deutschen Prozess Einfluss nehmen und sich in der Entscheidung von Analyseprojekten und initiierten Ermittlungsverfahren widerspiegeln. Gleichzeitig müssen die Ergebnisse aus den Analyseprojekten und Ermittlungsverfahren wieder gebündelt zurückgekoppelt werden, um auf der europäischen Ebene Berücksichtigung zu finden. Dies würde eine kriminalpolitische und strategische top-down Entscheidungsfindung manifestieren, welche aus dem KOK-Prozess heraus dann gesteuert und operativ in den einzelnen Ermittlungsbereichen und Analysedienststellen umgesetzt werden könnte. Eine Rückkopplung der Ergebnisse im Sinne eines Kreislaufes würde wieder eine bottom-up Beratung ermöglichen.

Der KOK-Schwerpunktsetzungsprozess beinhaltet als zweites Ziel die Nutzung eines projektorientierten Ansatzes. Im folgenden Abschnitt sollen prägende Elemente des Projektmanagements für OK-Ermittlungsverfahren beispielhaft dargestellt werden.

7.2.3 Elemente des Projektmanagements bei der Schwerpunktbildung

Zum Projektmanagement gehört das Programm- und das Projektportfoliomanagement. Unter dem Programmmanagement wird das Management der Gesamtheit aller Projekte verstanden, die auf ein gemeinsames strategisches Ziel mit Abhängigkeiten ausgerichtet sind (vgl. Kuster/ Bachmann et al. 2019, S. 12). Das umzusetzende Projektportfolio ist die priorisierte Projektliste, die unter Berücksichtigung der inhaltlichen Abhängigkeiten und der Ressourcenverfügbarkeit erstellt wird (vgl. ebd., S. 248). Dies entspricht dem KOK-Schwerpunktsetzungsprozess, also einer Gesamtheit aller Projekte, aus der Prioritätenentscheidungen unter Abhängigkeit der Ressourcen getroffen und im Rahmen von konkreten Projekten umgesetzt werden.

Das klassische Projektmanagement besteht aus der Abfolge von: Idee, Entwicklung, Umsetzungsplanung und Realisierung einer Lösung. Diese Abfolge wird in die logisch und zeitlich voneinander getrennten Phasen Beauftragung, Initialisierung, Konzept, Realisierung und Einführung unterteilt (vgl. Kuster/ Bachmann et al. 2019, S. 22 f). Bezogen auf den KOK- Schwerpunktsetzungsprozess kann die Beauftragungsphase als unstrukturierte Phase angesehen werden, bei der die Problemstellung bereits formuliert ist oder aus vagen Vermutungen besteht. Die folgende Initialisierungsphase hat als wesentliche Grundlage Analysen der aktuellen Situation sowie klar vereinbarte Ziele. Beim KOK-Schwerpunktsetzungsprozess ist dies die Erhebung und Auswertung bzw. Analyse von Daten zu festgelegten Themen und möglichen Schwerpunkten. Daraus soll ein konkretes Bild gewonnen werden, das später für eine Entscheidungsfindung dienen kann. In der Konzeptphase werden Lösungsvarianten entwickelt um diese im Detail zu planen. Auf den KOK-Schwerpunktsetzungsprozess übertragen, würde diese Phase die Entscheidung über eine Schwerpunktsetzung und die Weitergabe der damit verbundenen Aufträge an die beteiligten Bundesländer beinhalten. In der Realisierungsphase werden die Pläne der Konzeptphase verwirklicht und in der Einführungsphase werden die Lösungen implementiert. Die Konzeptphase und Einführungsphase würden dann überwiegend bei den Dienststellen zur OK-Bekämpfung liegen, die Auswerteprojekte und Ermittlungsverfahren in/ zu den identifizierten Schwerpunkten verwirklichen und durchführen. Der Vorteil dieser projektorientierten Vorgehensweise liegt in den klar bestimmten aufeinanderfolgenden Abläufen, den klaren Verantwortlichkeiten und der Dokumentation von Phasenübergängen. Es würde somit ein transparentes und objektives Modell von einer strategischen Schwerpunktsetzung mit Analyse und Auswertung, Entscheidung über die tatsächliche Schwerpunktbildung, Priorisierung der Schwerpunkte und Erstellung von Lösungen im Rahmen von einzelnen Auswertungsprojekten und Ermittlungsverfahren etabliert. Allerdings ist bei der Schwerpunktsetzung natürlich die verfassungsrechtliche Länderhoheit für die Innere Sicherheit der beteiligten Bundesländer nach Artikel 30 des Grundgesetzes zu beachten.

Es gibt keine allgemeingültige Definition des Begriffes „Projekt", vielmehr gibt es gemeinsame Merkmale zu denen u.a. das abgegrenzte Vorhaben gehört, wonach Projekte einmalig, zeitlich begrenzt und unter Termindruck stehen. Zum anderen sind Projekte interdisziplinär, benötigen außerordentliche Ressourcen (Führung, Wissen, Personal, Finanzen) und verlangen eine eigene Projektorganisation (vgl. Kuster/ Bachmann et al. 2019, S. 3). Sebastian Laudan beschreibt mit der „Täterorientierten Schwerpunktermittlung" (ToSE) der Berliner Polizei einen projektorientierten Bekämpfungsansatz, der sich gegen OK-Intensivtäter der mittleren Strukturebene richtet, außergewöhnliche Methoden und zeitlich begrenzte Lösungen nutzt, aber nicht im Rahmen der Regelorganisation durchgeführt wird (vgl. Laudan 2021, S. 43 ff). Das ToSE zeigt, dass Grundprinzipien des Projektmanagements in der OK-Bekämpfung verwendet werden können.

Ein Vorteil eines Projektmanagementansatzes ist das notwendige Stakeholder-Management und die Festlegung von Rollen. Stakeholder sind Personen, Gruppen und Organisationen, die zu dem Projekt eine relevante Beziehung haben und ein soziales Netz und Kräftefeld erzeugen, das für den Projekterfolg nutzbar gemacht werden soll. Hierzu wird zu Beginn eines Projektes eine Stakeholder-Analyse durchgeführt (vgl. Kuster/ Bachmann et al. 2019, S. 93 f). Im Rahmen des KOK-Schwerpunktsetzungprozesses kann eine solche Stakeholder-Analyse helfen, beteiligte Behörden und Organisationen zu identifizieren, die am Projekt mitarbeiten können bzw. Interesse an diesem haben. Diese könnten neben den relevanten deutschen Polizeibehörden beispielsweise ausländische Polizeibehörden, Akteure aus den Bereichen Wissenschaft, internationale (Polizei-) Organisationen oder Akteure aus der Wirtschaft sein. Die systematische Stakeholder-Analyse stellt sicher, dass die Akteure in der Projektumgebung identifiziert werden und eine Beteiligung ermöglicht werden kann. Über einen systematischen Ansatz kann benötigtes Wissen, das sich außerhalb der Polizei befindet, leichter identifiziert und genutzt werden.

Das Nutzen definierter Rollen und Verantwortlichkeiten bei den einzelnen Projekten (Schwerpunkten) führt dazu, dass eine neue Organisation für das Projekt geschaffen werden muss, der die Verantwortlichkeiten, Zuständigkeiten und eine passende Kommunikationsstruktur festgelegt wird (vgl. Friedrich oJ, S. 18). Dieses kann so ebenfalls auf die KOK-Schwerpunktsetzung übertragen werden- zumindest in der Phase, bei der über Schwerpunkte entschieden wird. Ein wichtiger Aspekt ist die Festlegung von Verantwortlichkeiten. Im Projektmanagement hat der Auftraggeber eines Projektes die zentrale Rolle, da dieser die Entscheidungskompetenz bezüglich der Stoßrichtung eines Projektes hat, die strategischen Rahmenbedingungen absteckt und Prioritäten sowie Meilensteine setzt (vgl. Kuster/ Bachmann et al. 2019, S. 111 f). Übertragen wäre dies die KOK bzw. ein für den einzelnen Schwerpunkt identifiziertes Gremium. Dieses würde den Projektablauf durchgehend prüfen. In den Niederlanden und Skandinavien sind solche „Steuerungsgruppen“, durch die strategische Schwerpunkte vorgegeben werden und bei denen neue Ermittlungsverfahren in ausgewählten Deliktsbereichen durch die Ermittlungsdienststellen zur Genehmigung für die Einleitung und Durchführung von Strukturermittlungsverfahren vorgestellt werden müssen, seit vielen Jahren üblich. Dieses entspräche zumindest in Teilen einem Auftraggeber-Modell. Es könnte in Deutschland im Falle einer negativen Entscheidung jedoch an rechtsstaatliche Grenzen des Legalitätsprinzips stoßen und auf die Autonomie der Bundesländer bzw. einzelner Behörden einwirken.

Ein weiterer Aspekt des Projektmanagements ist das Berichtswesen, das einen regelmäßigen Austausch der Zwischenergebnisse mit den verantwortlichen Stellen und Entscheidungsträgern sicherstellt. In regelmäßigen Abständen sollen Aussagen zu festgelegten Themen gemacht werden. Die kürzesten Fragen sind dahingehend was gut läuft und was nicht nach Plan läuft (vgl. Kuster/ Bachmann et al. 2019, S.

208 f). Ein regelmäßiges Berichtswesen fordert die Teilnehmer systematisch auf, Ergebnisse und Zwischenstände zu erheben. Es ist für die Steuerung eines Projektes unerlässlich, um dem Auftraggeber eine regelmäßige Rückmeldung über die aus der Schwerpunktsetzung priorisierten Komplexe zu geben. Ein Berichtswesen kann helfen, eine möglichst objektive kontinuierliche Bewertung von OK-Ermittlungsverfahren sicherzustellen bzw. zu ermöglichen.

Diese skizzierten exemplarischen Elemente sind Bestandteile des außerhalb von der Organisation Polizei genutzten klassischen Projektmanagementes. Diese projektbasierten Ansätze zeigen Vorteile des klassischen Projektmanagements dahingehend auf, dass klare Abläufe und Verantwortlichkeiten vorgegeben werden. In schriftlichen Rückmeldungen werden Projektzwischenstände standardisiert erhoben und ermöglichen eine kontinuierliche Bewertung. Dieser Prozess der projektorientierten Schwerpunktsetzung eignet sich für strategische Entscheidungen hinsichtlich OK-Schwerpunkten, aus denen dann einzelne Auswerteschwerpunkte entwickelt und Ermittlungsverfahren objektiver generiert werden könnten. Speziell im Bereich von Auswerteprojekten können Elemente des Projektmanagementes genutzt werden, da diese zeitlich und inhaltlich klarer umrissen werden können als einzelne OK-Ermittlungsverfahren. Die Anwendung in strafrechtlichen Ermittlungsverfahren dürfte aufgrund der dortigen Dynamik und des dortigen Legalitätsprinzips schwierig sein, da eine frühzeitige Beendigung von Ermittlungsverfahren oft schwierig sein dürfte. So zeigt Laudan mit dem Berliner ToSE ein projektorientiertes Modell auf, schränkt dieses aber auf OK-Intensivtäter der mittleren Strukturebene ein. Das ToSE schließt jedoch kriminelle oder hybrid agierende Gruppen mit unklaren Strukturen, Zielpersonen ohne Strukturrelevanz und Straftäter für die es, trotz intensiver Vorfeldermittlungen, keinen strafprozessualen Ermittlungsanlass gibt, aus (vgl. Laudan 2021, S. 45 ff). Bei einem Verständnis von OK als Netzstrukturkriminalität haben lose Netzwerke allerdings eine hohe Relevanz. Durch Auswerteprojekte, bei denen Elemente des Projektmanagements genutzt werden, sollen OK-relevante Gruppierungen und Strukturen identifiziert werden, die nach einer Schwerpunktbildung priorisiert bearbeitet werden.

7.2.4 Harmonisierung von Ermittlungsverfahren mit der Schwerpunktbildung

Die Entwicklung der KOK-Schwerpunktbildung wurde in den letzten Jahren verändert. Brenn- und Schwerpunkte sollen identifiziert und

mittels eines projektbasierten Ansatzes ein arbeitsteiliges und ressourcenschonendes Vorgehen gefördert werden (vgl. Schröder 2019, S. 627). Dieser Ansatz setzt eine ausreichende Datengrundlage voraus, um zunächst strategische Brenn- und Schwerpunkte zu identifizieren, dann projektorientiert eine Zusammenführung und Analyse der gewonnenen Erkenntnisse durchzuführen um darauf aufbauend priorisiert Ermittlungsverfahren zu generieren.
Die Relevanz eines intensiven Informationsaustausches, dass z. Bsp. ein Informationssystem zur gemeinsamen Arbeit schafft, war eine der frühesten Forderungen zur Bekämpfung von OK (vgl. Boettcher 1973, S. 28 f). Dies beinhaltete die Forderung nach einer zuverlässigen Identifizierung und Informationssammlung zu Organisierter Kriminalität (vgl. Boeden 1986, S. 36). Natürlich erfolgt mittlerweile die Nutzung moderner Datenanalysesysteme, welche die Verknüpfung äußerst umfangreicher polizeilicher Datenbestände ermöglicht (vgl. Bannenberg 2020, S. 207).
Im Rahmen der KOK-Schwerpunktbildung können Auswerteprojekte beauftragt werden, was zur Datenerhebung und -analyse zunächst auf regionaler, dann auf Länder- und abschließend auf Bundesebene führt und einen Schwerpunkt bestätigt oder widerlegt. Eine strategische Schwerpunktsetzung sollte sich nicht nur in Auswerteprojekten niederschlagen, sondern muss sich bei der Generierung von Ermittlungsverfahren wiederfinden. Wird ein Schwerpunkt belegt und aufgegriffen, haben die Projektpartner bereits Daten erhoben und ausgewertet. Bei der Generierung von Ermittlungsverfahren liegen daher Daten vor, die bei einer Bestätigung des Schwerpunktes für konkrete Strukturverfahren genutzt werden können. Eine der Einleitung eines Ermittlungsverfahrens vorgelagerte Analyse würde dazu führen, dass ein entsprechender Abgleich von Ermittlungsverfahren und eine Priorisierung erfolgen kann, um Ressourcen optimal zu steuern. Mit der Abfolge bestehend aus Überlegungen zur KOK-Schwerpunktbildung, Durchführung von Datenerhebungen und -analysen und darauf aufbauender Schwerpunktbildung könnten Ermittlungsverfahren priorisiert und koordiniert werden. Damit wäre strukturell ein Ablauf in der OK-Bekämpfung geschaffen, der die Definitionsmacht einzelner Personen oder Dienststellen innerhalb der Polizei begrenzen und ein koordiniertes Vorgehen ermöglichen würde.
Die KOK kann jedoch nicht isoliert betrachtet werden. Sie muss vielmehr als Bestandteil der deutschen Gremien zur Steuerung der Kriminalitätsbekämpfung, aber auch korrespondierenden internationalen Gremien betrachtet werden. Eine durchgehende kriminalstrategische Schwerpunktsetzung aus der europäischen Ebene, über die nationalen Gremien hin zu operativer Analyse und Ermittlungsführung

auf regionaler Dienststellenebene, würde die polizeiliche Tätigkeit im OK-Bereich objektivieren. Dies würde insbesondere gelten, wenn als Datengrundlage für Bewertungen nicht nur polizeiliche Lagebilder berücksichtigt würden, sondern die kriminalstrategische Schwerpunktsetzung im Sinne einer Bedrohungsanalyse erfolgen würde.

Ein der durchgehenden Schwerpunktsetzung entgegenzuhaltendes Argument ist, dass auf regionale Probleme keine Rücksicht genommen würde, da eine stringente Schwerpunktsetzung diese nicht berücksichtigen könne. Dem ist entgegenzuhalten, dass OK zumeist kein regionales, jedoch ein internationales Phänomen ist und ganzheitlich betrachtet werden muss. Zum anderen sollte natürlich von einer Schwerpunktbildung abgewichen werden können, wenn dieses erforderlich ist. Relevant bleibt, dass nationale Strategien nur umgesetzt werden können, wenn eine hohe Akzeptanz und Umsetzungsbereitschaft bestehen. Diese notwendige Akzeptanz beinhaltet gerade eine begründete Abweichungsmöglichkeit. Allerdings ist es wichtig, dass dieses eine bewusste und begründete Entscheidung ist, die entsprechend dokumentiert wird. Im Rahmen von Datenerhebungen würden auch Behörden, die eine gemeinsam Schwerpunktsetzung nicht umsetzen, identifiziert werden können. Der Sinn einer Schwerpunktsetzung ist gerade, dass alle relevanten Akteure sich beteiligen.

Das Problem der polizeilichen Definitionsmacht im OK-Bereich würde so zu einer Stärke umgekehrt. Durch eine möglichst objektive Schwerpunktsetzung und eine gezielte Auswahl von einzuleitenden Ermittlungsverfahren könnte eine optimale Ressourcensteuerung gewährleistet werden. Die Entscheidungsmacht wäre ein kontinuierlicher Prozess, der nicht alleine durch polizeiliche Daten gesteuert würde, sondern durch andere (internationale) Datenquellen und kriminologische Forschung unterstützt werden würde. Ein solcher Prozess würde die Definitionsmacht von Sachbearbeitern und Dienststellenleitern verlagern und durch einen kontinuierlichen Prozess harmonisieren und auf eine andere Ebene bringen. Ergänzend wären hier Entscheidungsebenen zu schaffen, die über die konkrete operative Schwerpunktsetzung und Verfahrenseinleitung entscheiden würden. Hier wären auf den verschiedenen Ebenen der Kriminalitätsbekämpfung Gremien notwendig, die mit Polizei und Justiz besetzt sein sollten. Dies wäre eine erhebliche Durchbrechung der polizeilichen Definitionsmacht. Beispiele hierzu sind gemeinsame Steuerungsgruppen in den Niederlanden oder Dänemark, die dort über die Einleitung und Führung von OK-Verfahren auf regionaler Ebene entscheiden und Ressourcen steuern.

Eine Rückkopplung von Erkenntnissen aus Ermittlungsverfahren in die strategische Ebene müsste weiterhin erfolgen. So könnte die Erkenntnislage verbessert und die gesetzten Prioritäten kontinuierlich auf Aktualität und Relevanz geprüft werden. Durch die strategische Schwerpunktbildung, darauf aufbauende Umsetzung in konkreten Ermittlungsverfahren und Rückkopplung der Ergebnisse, kann ein Kreislauf geschaffen werden. Eine solche Weiterführung eines kriminalpolitischen Bedrohungsszenarios zu einer Kriminalstrategie mit einer kriminalstrategischen Schwerpunktbildung und harmonisierten Ermittlungsverfahren könnte die Definitionsmacht innerhalb der Polizei, begrenzen und strukturell objektivieren.

7.3 Organisierte Kriminalität im Sinne einer Netzstrukturkriminalität

Bei der OK-Bekämpfung kommt der Informationserhebung und -verwertung eine erhebliche Bedeutung zu (vgl. Scholz 1986, S. 66). Bei einer Steuerung der Auswertung und Analyse nach der skizzierten Schwerpunktbildung bleiben trotzdem OK-verdächtige Deliktsbereiche, die durchgehend betrachtet werden müssten und es bleibt die Frage, wie eine Auswertung in der Praxis dargestellt werden kann. Die umfangreiche Erhebung von Daten aus verschiedensten Quellen wurde bereits dargestellt, allerdings kommt dem Gedanken eines OK-Verständnisses als Netzstrukturkriminalität eine besondere Rolle zu. Ein Problem bei der OK-Betrachtung kann die Trennung von kriminellen Netzwerken und kriminellen Gruppierungen als analytisch unterschiedliche Kategorien sein. Eine solche Konzeptualisierung könnte zwar bei der Bewertung von Kriminalitätsstrukturen in einem festgelegten geografischen Gebiet oder Markt sinnvoll sein, allerdings würde die Berücksichtigung von teilweise oder vollständiger Überschneidung von Netzwerk- und Gruppenstrukturen eine bessere Perspektive ergeben, da kriminelle Beziehungen gleichzeitig Netzwerke und Gruppen darstellen können (vgl. von Lampe 2004, S. 99). Der aktuelle Europol SOCTA-Report zeigt ebenfalls fließende Netzwerke, in denen Kriminelle im Sinne von unabhängigen Netzwerken zusammenarbeiten, bei denen Mitgliedschaft und bloße Unterstützung verschwimmen (vgl. Europol 2021, S. 23). Lose, undefinierte und flexible Netzwerke werden in Europa immer dominierender (vgl. Sinn 2016, S. 59). Dieses ist stimmig mit dem bereits skizzierten Phänomen des Crime-as-a-Service (CaaS). CaaS stammt aus dem Phänomenbereich der Cybercrime und beschreibt die Zergliederung und Spezialisierung Einzelner bei denen entsprechende kriminelle Leistungen zugekauft werden können. Der Dienstleister hat in der Regel keine oder kaum Kenntnisse über die mit seiner Leistung unterstützte Straftat (vgl. Manske 2020, S. 235). Dieses Modell lässt sich nach W. van Gemert, dem ehemaligen stellvertretenden Direktor von Europol, auf Geldwäsche und andere Aktivitäten übertragen und wird speziell auf Marktplätzen im Dark Web angeboten (vgl. Flach/ Reck 2018, S. 6). Die Identifizierung und Betrachtung solcher Schnittstellen ist von hoher Relevanz für Auswertung und Analyse. Dem Gedanken folgend sind Gruppierungen zum einen als Ganzes zu betrachten, zum anderen kommt den losen Elementen im Sinne einer Netzstruktur eine besondere Rolle zu, da dort Schnittstellen zu anderen Gruppierungen erkennbar sein dürften.

Der Blick auf nur eine einzige feste Gruppierung im Rahmen der Auswertung ist selbstreferenziell, da bereits zu Beginn der Auswertung Anhaltspunkte vorliegen dürften, dass es zu OK-relevanten Handlungen kommt. Wenn der Fokus in der Auswertung jedoch auch stärker auf die verbindenden Elemente loser Netzstrukturen und dem Phänomen des CaaS wie professionellen Geldwäschern, Dokumentenfälschern oder Logistikern für Transportleistungen gerichtet würde, könnte im nächsten Schritt ein Blick auch auf andere und bisher unbekannte OK-relevante Gruppierungen eröffnet werden. Dieses gibt wieder Anhaltspunkte, die strukturell zu einer Objektivierung der polizeilichen Definitionsmacht im Phänomenbereich führen, da eine größere Datenmenge vorliegen würde, die einen Vergleich hinsichtlich des Bedrohungspotentials einzelner Gruppierungen ermöglichen würde. Dies ist kein neuer Ansatz, Edwin Kube zeigte bereits im Jahr 1996 die Relevanz des Logistiksektors bzw. von Logistikkomponenten auf (vgl. Kube 1996, S. 30 f). Alfred Stümper beschrieb 1993 Hehler und kriminelle Manager als Haupttäter und dass die moderne Verbrechensbekämpfung der kriminellen Aktion zuvorkommen muss. Sie soll sich auf die kriminelle Logistik richten und gegen deren Zentren vorgehen. Die Verbrechensbekämpfung soll repressiv wie präventiv wirken und beide kriminalpolitischen Ziele auf einer höheren Ebene zusammenführen (vgl. Stümper. 1993, S. 83 ff). Es bleibt die Frage, nach welchen Kriterien einzuleitende Strukturverfahren priorisiert werden könnten, also eine kriminaltaktische Umlegung einer Kriminalstrategie auf den Einzelfall erfolgen könnte. Für eine Entscheidung sind eine qualitative Bewertung und ein Vergleich krimineller Gruppierungen erforderlich, da die polizeilichen Ressourcen begrenzt sind.

7.4 Qualitative Bewertungen im Phänomenbereich OK

Es gibt qualitativ unterschiedliche OK-Strukturen und in einigen Fällen werden weniger einschneidende Strafverfolgungsmaßnahmen ausreichen, in anderen Fällen werden langfristige starke Grundrechtseingriffe notwendig sein. Bereits zu Beginn muss jedoch klar sein, welche Ziele erreicht werden sollen (vgl. Scherschneva-Koller 2014, S. 45 f). Die qualitative Bewertung polizeilicher Arbeit im Phänomenbereich sollte zum einen bei der Generierung von Ermittlungsverfahren ansetzen, zum anderen bei einer Erfolgskontrolle der Ergebnisse auch unter Berücksichtigung der tatsächlichen OK-Relevanz. Um dieses zu ermöglichen ist es notwendig, OK messbar zu machen.

Der Vorteil der Messung von OK liegt in drei Punkten: erstens in einem Problemverständnis das für rationale Entscheidungen genutzt werden kann, zweitens zur Identifizierung von Trends und drittens zur Prüfung von getroffenen Maßnahmen hinsichtlich ihrer Effizienz (vgl. von Lampe 2004, S. 86 f). Dass das Bundeslagebild OK für eine Messung von tatsächlich vorhandener OK ungeeignet ist wurde bereits dargestellt. Da durch eine kriminalpolitische Bedrohungsanalyse und darauf aufbauende Schwerpunktbildung eine Priorisierung vorgegeben werden könnte, soll nun betrachtet werden, wie limitierte polizeiliche Ressourcen im Rahmen einer Priorisierung gesteuert und Erfolg messbar gemacht werden könnte.

7.4.1 Qualitative Priorisierung von Ermittlungsverfahren

Die Polizei benötigt eine praktikable Methode, die sie bei der Wahl des bestmöglichen Einsatzes ihrer verfügbaren Ressourcen unterstützt (vgl. Schroller 1986, S. 34). Dieses soll hinsichtlich der Einleitung von OK-Strukturverfahren in diesem Kapitel dargestellt werden. Durch die proaktive Tätigkeit der Polizei in der OK-Bekämpfung kann diese über die Einleitung von Ermittlungsverfahren sehr frei entscheiden und die limitierten personellen Ressourcen eigenständig steuern. Durch die limitierten Ressourcen bleibt die Frage, wie strukturell möglichst objektiv entschieden werden kann und für welche konkreten Strukturverfahren eine Priorisierung erfolgen soll. Durch eine kriminalstrategische Schwerpunktsetzung können zwar Delikts- und Phänomenbereiche vorgegeben werden, dies entbindet jedoch nicht von einer operativen Priorisierung einzuleitender Strukturermittlungsverfahren. Es muss zwischen unterschiedlichen Gruppierungen und Deliktsbereichen ein Abgleich erfolgen, um polizeiliche Ressourcen in identifizierten Prioritätsbereichen einzusetzen. Dementsprechend muss auf den verschiedenen Ebenen der Kriminalitätsbekämpfung entschieden werden, welche kriminellen Netzwerke in welcher Reihenfolge bearbeitet werden und welche Ziele verfolgt werden. Um eine solche Entscheidung treffen zu können, ist es erforderlich, die für Strukturermittlungen identifizierten kriminellen Gruppierungen qualitativ abzugleichen. Bei einer solchen Betrachtung können verschiedenste Faktoren wie Größe der Gruppierung, Anzahl der Mitglieder, Zusammenstellung, Struktur, korruptive Elemente oder Kontakte in die Verwaltung betrachtet werden (vgl. von Lampe 2004, S. 87). Hierzu gibt es kein abschließendes Modell, bei dem alle denkbaren Aspekte mit einem einheitlichen Wert belegt werden, zumal gerade der klandestine Charakter von OK viele Wissenslücken bei einer Bewertung offenlassen wird. Ein Modell zur qualitativen Bewertung OK-relevanter Gruppierungen ist das Organised Crime Group Mapping (OCGM).

7.4.2 Organised Crime Group Mapping

Im Rahmen des OCGM werden kriminelle Gruppierungen sowohl auf nationaler als auch auf regionaler Ebene identifiziert, bewertet und deren jeweilige Bekämpfung gesteuert. Dazu werden Gruppierungen nicht nur identifiziert, sondern hinsichtlich ihres Schadenspotentials, ihrer Fähigkeiten und Möglichkeiten bewertet. Auf diesem Weg wird eindeutiges Wissen und das Bedrohungspotential der jeweiligen Gruppe erlangt, um eine Vergleichbarkeit der einzelnen Gruppierungen zu ermöglichen. Die Bewertung beinhaltet auch jeweils eine Zuordnung, ob eine Gruppierung auf nationaler, regionaler oder örtlicher Ebene polizeilich betrachtet werden sollte und wer für die weitere kontinuierliche Datenerhebung verantwortlich sein wird (vgl. Home Office 2017, S.6). Eine so strukturierte Bewertung ermöglicht einen qualitativen Vergleich von unterschiedlichen Gruppierungen.

Ein Beispiel ist das OCGM in Nottinghamshire in Großbritannien. Dort werden kriminelle Gruppierungen hinsichtlich ihres Bedrohungspotentials in 15 verschiedene Kategorien skaliert. Erstens wird „Intent and Capability“ mit A (Highly Organized and disciplined expert, resourced, coerce, and/or corrupt others), B (Display structure and competence may regularly use violence and/or specialists) oder C (fluid, disorganized, may have transient membership and may lack skill or resources) bewertet. Zweitens wird „Criminality“ mit 1 (Extremely high scale, multiple crime types, visible chronic impact), 2 (significant level of criminality, impact visible and acute), 3 (Serious or frequent criminality, impact visible temporary), 4 (Moderate scale or volume, impact local, diluted) oder 5 (Low level or infrequent criminality, impact local, hidden) bewertet. Durch die Kombination beider Bewertungen wird ein Indikator von 5C bis 1A erlangt, mit dem die Bewertung des Bedrohungspotentials ausgedrückt werden kann:

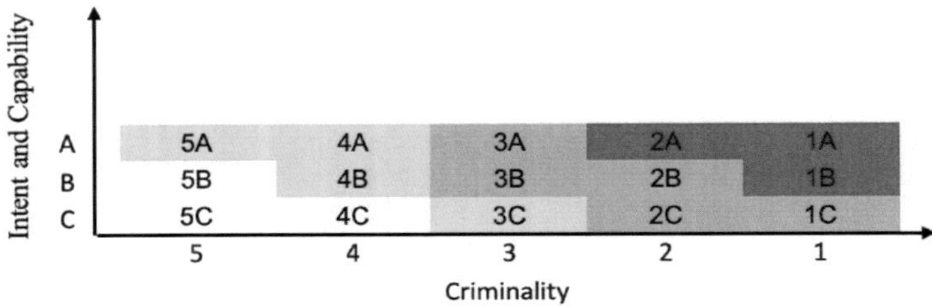

Abbildung 1: OCGM-Mapping Matrix nach Nottinghamshire Police (eigene Darstellung, vgl. Nottinghamshire Police 2015)

Jede identifizierte Gruppierung wird so einer der vier farblich unterschiedlichen Kategorien zugeteilt, wobei Gruppierungen mit einem niedrigen Bedrohungspotential hell gekennzeichnet sind und Gruppierungen mit dem höchsten Bedrohungswert rot. Je höher der Bedrohungswert, desto stärker erfolgen Maßnahmen und desto häufiger erfolgt eine Neubewertung (vgl. Nottinghamshire Police 2015, S. 2ff). Ein solches Bewertungssystem kann bei der Bewertung von kriminellen Gruppierungen genutzt werden, um das Bedrohungspotential unterschiedlicher krimineller Gruppierungen vergleichbar zu machen. Als Konsequenz einer solchen Bewertung können dann Gruppierungen, die über ein hohes Bedrohungspotential verfügen, priorisiert mit Strukturermittlungsverfahren belegt werden. Da für jede Gruppierung ein Ausgangspunkt ermittelt wird, kann durch periodische Neubewertungen eine Veränderung sichtbar gemacht werden. Der Grundgedanke ist, dass sich Strukturermittlungsverfahren auf die jeweiligen kriminellen Gruppierungen auswirken. Daher eignet sich dieses System zur Formulierung von Zielen, sowohl bezogen auf Gruppierungen als auch hinsichtlich regionaler und deliktischer Entwicklungen. Durch diese Verfahrensweise kann polizeilicher Erfolg messbar gemacht werden.

7.4.3 Risiken des Organised Crime Group Mapping

Risiken des OCGM sind eine mögliche Intransparenz des Systems, unterschiedliche Handhabung der Handlungsanleitungen durch verschiedene Behörden und eingeschränkte Bewertungskriterien. Dies kann dazu führen, dass bei einer Bewertung Vorurteile manifestiert werden. So waren bei der Gang Database der Metropolitan Police London von den erfassten Personen 80 % zwischen 12 und 24 Jahre alt, 78 % waren Menschen mit dunkler Hautfarbe und 35 % haben selber keine ernste Straftat begangen (vgl. Amnesty International UK 2018, S. 9 ff). Dies weist auf Probleme hinsichtlich einer objektiven Erfassung bzw. fehlerhafte Datenerhebungen im Sinne eines Bias und datenschutzrechtliche Probleme hin. Als Konsequenz daraus sollte die qualitative Bewertung von kriminellen Gruppierungen eine hohe Transparenz aufweisen und datenschutzrechtlich begleitet werden.

In Deutschland ist ein mögliches weiteres Problem das Legalitätsprinzip. Danach haben Staatsanwaltschaft bzw. Polizei bei Verdacht einer Straftat einzuschreiten (vgl. Schwind 2011, § 18 Rn. 33). Hierzu ist anzuführen, dass das OCGM nicht das Ziel hat über die Einleitung von Ermittlungsverfahren zu entscheiden, sondern vielmehr soll es eine Priorisierung von Strukturermittlungsverfahren ermöglichen. Die Verfolgung einzelner Straftaten im Rahmen von Einzeldelikten ist davon losgelöst und muss erfolgen, allerdings nicht als priorisierte Strukturverfahren mit den dafür notwendigen Ressourcen.

Ein weiteres Problem könnte eine geringe Akzeptanz des OCGM sein, da bei einer Einführung des Systems eine Vielzahl von Daten zu den identifizierten kriminellen Gruppierungen erhoben und bewertet werden müssten. Dies wäre ein nicht unwesentlicher Mehraufwand. Es ist ebenfalls zumindest fraglich, ob ein solches System auf eine hohe Akzeptanz in der polizeilichen Praxis stoßen würde, da den bisherigen Entscheidungsträgern, wie polizeilichen Sachbearbeitern oder Leitern von Organisationseinheiten auf der Ebene von Sachgebieten und Kommissariaten, die Definitionsmacht genommen werden würde. Um eine hohe Akzeptanz zu erlangen, wäre daher zunächst eine hohe Beteiligung und Transparenz bei der Entwicklung und Einführung zu schaffen. Neben einer Bewertung wie mittels des OCGM können Gruppierungen aber auch anhand des von ihr ausgehenden Risikos bewertet werden.

7.4.4 Risikoorientierte Modelle zur qualitativen OK-Bewertung

Die Risikobewertung ist eine Methode, bei der eine systematische Analyse von sozioökonomischen Faktoren, sowie politischen Variablen und deren potentieller Einfluss auf Organisierte Kriminalität in Verbindung mit der Bedrohungswahrscheinlichkeit und möglichen Schadenshöhe erfolgt. Die Grundannahme ist: je höher die Kapazitäten einer kriminellen Gruppierung, je höher die Möglichkeiten in illegalen Märkten und je höher die Verletzlichkeit der legalen Wirtschaft, desto höher ist das Risiko für gesellschaftliche Schäden (vgl. von Lampe 2004, S. 95). In Deutschland erfolgt im Rahmen des Bundeslagebildes OK die Bewertung des OK-Potentials. Das OK-Potential wird aus „der Anzahl und Gewichtung der jeweils zutreffenden Indikatoren aus der Liste der ‚Generellen Indikatoren zur Erkennung OK-relevanter Sachverhalte'" (BKA 2020, S. 21)[9] berechnet und mit einem Wert von 0-100 ausgedrückt (vgl. BKA 2021, S. 17 f). Die einzelnen Gruppierungen können dann gegenübergestellt und verglichen werden:

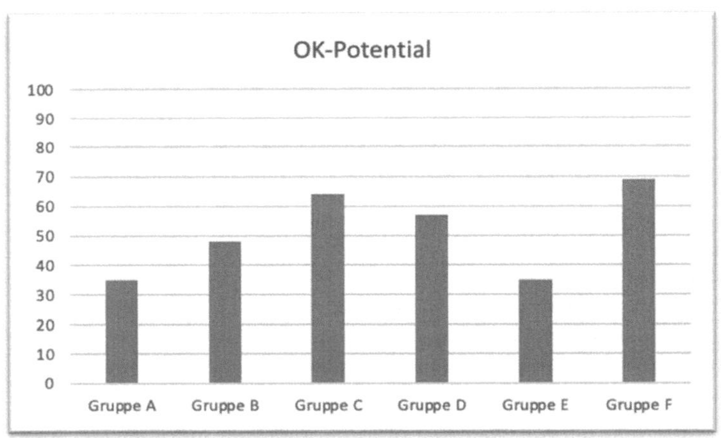

Abbildung 2: OK-Potential (eigene Darstellung, vgl. BKA 2021, S. 17f)

Insgesamt sind für die Berechnung risikoorientierter Modelle Parameter festzulegen. Es wäre notwendig, ein konstantes Konzept zu entwickeln und dieses stringent anzuwenden. Bei der Berechnung in einem einheitlichen System könnten als relevant erachtete Parameter

---

[9] Die aktuellen „Generellen Indikatoren zur Erkennung OK-relevanter Sachverhalte" sind in der Anlage dieser Arbeit aufgeführt.

einer kriminellen Gruppierung wie beispielsweise Größe, Deliktsfelder, finanzielle Potenz, internationale Verflechtungen, Bewaffnung, Nutzung von gefälschten Dokumenten oder Einflussnahme auf die öffentliche Verwaltung bzw. korruptive Elemente festgelegt und beliebig kombiniert werden. Hierzu können, wie beim OK-Potential, die OK-Indikatoren aufgegriffen werden, aber auch kriminalpolitische Vorgaben im Sinne einer kriminalstrategischen Festlegung integriert werden. Eine solche Bewertung sollte nicht während laufenden Ermittlungen ansetzen, sondern schon proaktiv im Rahmen der Bewertung für eine Priorisierung erstellt werden. Der frühestmögliche Zeitpunkt sollte genutzt werden. Dieses wäre praktisch der Zeitpunkt, an denen erste Erkenntnisse zu einer (neuen) Gruppierung festgestellt werden. Der Vorteil von risikobasierten Bewertungen liegt darin, dass bei einer Berechnung, wie bspw. dem OK-Potential, ein möglichst objektiver Wert festgelegt wird. Somit könnte die Anwendung dieser Formen der OK-Bewertung die polizeiliche Definitionsmacht substantiell objektivieren.

Eine Schwäche des deutschen Systems ist, dass mit dem OK-Potential ausschließlich Gruppierungen bewertet werden, bei denen von einer polizeilichen OK-Relevanz ausgegangen wird und bereits OK-Ermittlungen geführt wurden. Andernfalls würde kein Eingang in das Bundeslagebild OK und keine Bewertung erfolgen. Es wurde festgestellt, dass die Ermittlungsdauer einen Einfluss auf die Höhe des OK-Potentials hat. Je länger Ermittlungen andauern, desto höher ist der Wert. Dies kann zum einen daran liegen, dass gerade komplexe OK-Strukturen lange Ermittlungszeit benötigen, zum anderen aber auch daran, dass nur bei langer Ermittlungsdauer Faktoren erkannt werden die mit den Indikatoren übereinstimmen. Dies führt dazu, dass eine Bewertung anhand des OK-Potentials willkürlich sein kann (vgl. von Lampe 2004, S. 93).

Für eine noch objektivere Bewertung könnten das Modell des OCGM mit der Risikoanalyse, wie dem OK-Potential, kombiniert werden und so eine noch bessere Vergleichbarkeit einzelner krimineller Gruppierungen miteinander ergeben:

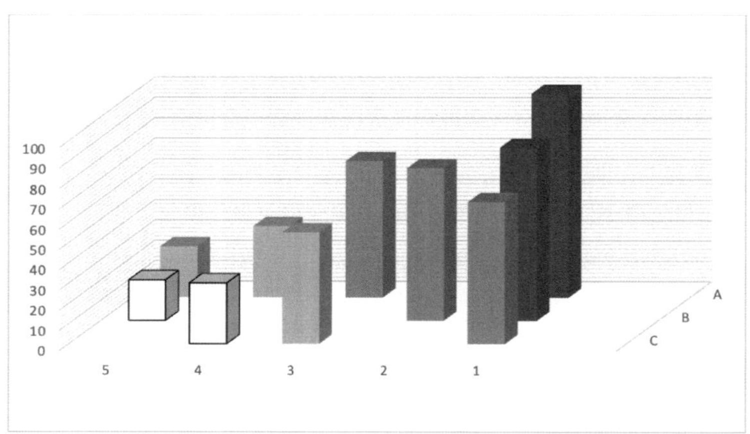

Abbildung 3: Kombination aus OCGM-Mapping Matrix nach Nottinghamshire Police und OK-Potential (eigene Darstellung, vgl. Nottinghamshire Police 2015; vgl. BKA 2021, S. 17 f)

Eine Erhebung bei der Schwerpunktbildung zu verschiedenen Delikts- und Phänomenbereichen kann als Grundlage genutzt werden, um anhand strategischer Prioritäten kriminelle Gruppierungen mit einem hohen Bedrohungspotential und einem hohen Risiko aus einer entwickelten Matrix zu selektieren. Allerdings muss gewährleistet bleiben, dass auch die genannten kriminellen Dienstleister umfasst werden, die im Rahmen eines Crime-as-a-Service verschiedene kriminelle Netzwerke unterstützen. Diese Einzeltäter (oder kleine Gruppen) würden bei Berechnungen wie dem OCGM oder der Berechnung des OK-Potentials wenig berücksichtigt und es müsste ein Ausgleich erfolgen. Das Berliner System der Täterorientierten Schwerpunktermittlung zeigt ein solches Modell, das sich gegen OK-Intensivtäter der mittleren Strukturebene richtet und zumindest für einen Teil der Täter eine solche Komponente bilden könnte (vgl. Laudan 2021, S. 43 ff).

7.4.5 Messung von Erfolg

Zur Messung von Erfolg polizeilicher Maßnahmen, ist zunächst festzuhalten, was Erfolg bedeutet: die Festnahme vieler Tatverdächtiger, die Verurteilung zu langjährigen Haftstrafen oder die Zerschlagung einer kriminellen Netzstruktur? Es existiert keine einhellige Definition zu Kriterien von Erfolg in der OK-Bekämpfung. Demgegenüber können im Rahmen des OCGM und bei der Anwendung risikoorientierter Modelle durch regelmäßige Bewertungen der einzelnen Gruppierungen Veränderungen qualitativ erfasst werden. Durch die Festlegung eines Bedrohungspotentials und des OK-Potentials bei der erstmaligen Bewertung einer kriminellen Gruppierung existiert ein Ausgangspunkt für die Erfolgsberechnung. Das Ziel ist, dass nach einem festgelegten Zeitraum die jeweilige Gruppierung, die mit Strukturermittlungen belegt wurde, mit niedrigeren Werten als dem Ausgangspunkt bewertet wird.

Aus dem Projektmanagement ergibt sich, dass Ziele *SMART* sein sollen, also **s**pezifisch, **m**essbar, **a**ttraktiv/anspruchsvoll, **r**ealistisch und **t**erminiert (vgl. Kuster/ Bachmann et al. 2019, S. 85). Dieser Gedanke kann hier auch auf die Matrix des OCGM und das OK-Potential übertragen werden. So kann für eine Gruppierung festgelegt werden, in welchem Zeitrahmen die Werte jeweils einen festgelegten niedrigeren Zielwert erreichen sollen. Das Mittel für die Reduzierung des Bedrohungspotentials und des OK-Potentials sind Maßnahmen durch Strafverfolgungs- und ggf. andere Behörden. Dem liegt die Annahme zugrunde, dass Strukturermittlungen und korrespondierende Maßnahmen die jeweilige kriminelle Gruppe beeinflussen. Durch eine regelmäßige Neubewertung werden Veränderungen messbar. Ein solches Modell würde auch OK-Ermittlungen ein zeitgebundenes Ziel geben, da es nicht realistisch erscheint, dass kriminelle Gruppierungen sich gänzlich auflösen und so endlos erscheinende Ermittlungen von immer neuen Hintermännern oder Gruppenmitgliedern begrenzt würden, da es einen zuvor festgelegten Endpunkt als Zielwert geben würde. Würde ein solcher Endwert erreicht, würden die Strukturermittlungen einem Ende zugeführt. Anschließend würden die jeweiligen Gruppierungen weiter analysiert und regelmäßig bewertet. Im Falle eines neuerlichen Anstiegs ihres Bedrohungspotentials und Überschreitung eines zuvor festgelegten Zielwertes, würden wiederrum erneut Maßnahmen bzw. Strukturermittlungen eingeleitet.

Dieses Modell der Bewertung von Gruppierungen lässt sich ebenfalls auf eine Region umlegen, in denen alle dort bekannten kriminellen Gruppierungen gefiltert, betrachtet und Tendenzen ausgewertet werden. Natürlich kann diese Filterung ebenfalls für bestimmte Delikts- und Phänomenbereiche erfolgen. Somit wird nicht nur der Erfolg polizeilicher Tätigkeit hinsichtlich einzelner Gruppierungen sichtbar, sondern es kann auch polizeiliche Arbeit in einem regionalen Bereich oder in einem einzelnen Phänomen- oder Deliktsbereich gefiltert und betrachtet werden. Mit einer solchen Herangehensweise könnte polizeiliche Arbeit im Feld der Organisierten Kriminalität substantiell objektiviert werden.

Ein wichtiges Element bei qualitativen Bewertungen ist, dass diese abgesetzt von Ermittlungen und Datenerhebung erfolgt um eine höchstmögliche Objektivität und Vergleichbarkeit zu gewährleisten. Eine solche substantielle Objektivierung kann erfolgen, wenn die Bewertung durch speziell bestimmte Personen erfolgt, die eine gewisse Entscheidungsebene in der Organisation Polizei erreicht haben und einheitliche Vorgaben zur Bewertungsmatrix angewendet werden (vgl. Home Office 2018, S. 6). Dieses Vorgehen schafft eine Plausibilität und Vergleichbarkeit, aber auch eine Objektivität, da das Potential für Fehleinschätzungen ausgeschlossen bzw. minimiert wird. Durch empirische Untersuchungen, wie von Kinzig sowie Rebscher und Vahlenkamp, wurde gerade die Problematik von fehlerhaften Sachverhaltseinschätzungen durch Ermittlungsbeamte belegt. Die Unbestimmtheit der OK-Definition und die Schwierigkeit der Abgrenzung zwischen OK und Bandenkriminalität wäre ebenfalls durch einen qualitativen Vergleich behoben, da ein direkter Vergleich einzelner krimineller Gruppierung ermöglicht werden würde. Gruppierungen könnten so losgelöst von einer positiven OK-Zuordnung oder einer Einschätzung als Bande bewertet und verglichen werden. Allerdings sind neben der Modifizierung der kriminalstrategischen Schwerpunktbildung und qualitativen Bewertung weitere strukturelle Modifikationen relevant um die OK-Bekämpfung substantiell zu objektivieren. Diese werden im folgenden Abschnitt beispielhaft anhand der Dienststellenstruktur, der Aus- und Fortbildung und der Rolle der Justiz dargestellt.

7.5 Weitere strukturelle Modifikationen

7.5.1 Ausrichtung der Dienststellenstruktur bei OK-Ermittlungen

Im Rahmen der Dienststellenstruktur wird Einfluss auf die Einschätzung der OK-Relevanz von Sachverhalten genommen, da OK zumeist der „Hol-Kriminalität“ zuzurechnen ist und eine Spezialisierung zu mehr Verfahren in spezialisierten Bereich führt (vgl. Feltes 2020, S. 65). Andererseits wird seit Beginn der OK-Diskussion kontinuierlich die Schaffung spezialisierter polizeilicher Organisationsformen gefordert (vgl. Boettcher 1973, S. 36). Zur Auflösung dieser Problematik zwischen der Notwendigkeit von spezialisierten Dienststellen und einer Steigerung von Ermittlungsverfahren in genau diesen spezialisierten Bereichen, ist die strategische Steuerung relevant. Selbstverständlich bedarf es spezialisierter Dienststellen um Sachverhalte fachgerecht zu bearbeiten. Allerdings ist eine übergeordnete Steuerung notwendig, um einen Abgleich verschiedener Deliktsbereiche zu ermöglichen. Daher ist es sinnvoll, Dienststellen zur OK-Bekämpfung zumindest teilweise deliktsübergreifend auszurichten. Dafür spricht auch das 40% der kriminellen Gruppierungen in der EU in mehr als einem Hauptkriminalitätsbereich tätig sind (vgl. Europol 2021, S. 18). Dies erschwert eine rein deliktsorientierte Betrachtung von Gruppierungen und Phänomen. So sollte, wie bereits im Jahr 1983 von Wolfgang Sielaff gefordert, der deliktsorientierte Bekämpfungsansatz um den deliktsübergreifenden sowie personen- und gruppenbezogenen Bekämpfungsansatz erweitert werden (vgl. Sielaff 1983, S. 421). Dieses sollte auch hinsichtlich der Organisationsstruktur konsequent weitergeführt werden.

Die Einrichtung von Sonderkommissionen kann Vorteile bringen, da für ein bestimmtes Problem die am besten geeigneten Personen aus verschiedenen Organisationsbereichen zusammenarbeiten können (vgl. Büchler/ Wagner et al. 1994, S. 15). Sonderkommissionen sind für personenorientierte Ermittlungen im OK-Bereich geeignet (vgl. AG PFA 1994, S. 332). Die zeitlich gebundene und anlassbezogene Bündelung von Ressourcen ist für einzelne Auswerteprojekte und Ermittlungsverfahren eine Möglichkeit um eine hohe Flexibilität zu erreichen. Dieses bildet auch ein wesentliches Element des Projektmanagements ab. Eine Koppelung an eine möglichst objektive strategische Schwerpunktsetzung und darauf aufbauende Generierung von Ermittlungsverfahren in priorisierten Bereichen, dürfte polizeiliche Bewertungen im OK-Bereich objektivieren und die Definitionsmacht von spezialisierten kleinteiligen Arbeitsbereichen aufweichen. Neben der Dienststellenstruktur ist die Aus- und Fortbildung im Bereich der Organisierten Kriminalität eingesetzter Beamter ebenfalls relevant.

7.5.2 Aus- und Fortbildung im Bereich der OK

Die Aus- und Fortbildung ist ebenfalls ein wichtiger Baustein in einem Gesamtkonzept um polizeiliche Entscheidungen im OK-Bereich zu objektivieren. Die Erlangung von Erfahrungswissen und Handlungsroutinen benötigt ausreichend qualifiziertes Personal- sowohl bei der Polizei als auch der Justiz (vgl. Schmidt/ Bannenberg 2019, S. 344). Neben technischem Verständnis und einer Anpassung polizeilicher Technik und Taktik müssen neue Ermittlungsansätze und -methoden gefunden werden. Transnationale Kriminalität macht auch Fremdsprachenkenntnisse und multikulturelle Kompetenz erforderlich (vgl. Schäfer/ Schnell 2020, S. 342).

Hinsichtlich der Ausbildung ist ebenfalls anzuführen, dass eine Akademisierung die Polizeikultur beeinflusst. Kritik an der angeblichen Praxisferne dieser Akademisierung wird durch Polizeipraktiker erhoben. Diejenigen, die diese Kritik erheben, haben zumeist die Definitionsmacht über das Organisationsverständnis und die gelebte Polizeikultur. Als Konsequenz daraus wird theoretisches Wissen abgewertet und durch berufspraktische Erfahrung ersetzt (vgl. Schäfer/ Schnell 2020, S. 343). Dieses sollte durchbrechen werden, da es dazu führt, dass als altbewährt wahrgenommene Handlungsweisen auch im Feld der OK-Bekämpfung weitergegeben werden und erhalten bleiben. Diese Veränderung und Öffnung sind Elemente, die das phänomenologisch weite Feld der OK-Bekämpfung substantiell objektivieren könnten.

Ein weiterer Schwerpunkt ist der Bereich der Auswertung. Dieser kommt bei einer substantiellen Objektivierung eine besondere Relevanz zu. Es ist wichtig, dass Kriminalanalytiker eine umfassende und möglichst zertifizierte Ausbildung erhalten und der Objektivität verpflichtet sind (vgl. Marouschek 2020, S. 160). Im Rahmen der Entwicklung muss der Analytiker proaktiv arbeiten und den Untersuchungsgegenstand (Phänomen, Lage, Netzwerk, Markt) durchdringen und die Gedanken der Analyse transparent darstellen (vgl. Evans/ Kebbell 2012, S. 208 f). Dieses würde zu einer weiteren Objektivierung polizeilicher Arbeit im Deliktsbereich der Organisierten Kriminalität führen. Ein aktuelles Beispiel zur Professionalisierung der Kriminalitätsanalyse ist das Projekt „Entwicklung Berufsbild Kriminalitätsanalytik" der Polizei Hamburg mit dem Themenschwerpunkte der Entwicklung eines eigenständigen Berufsbildes Kriminalitätsanalytik und die Konzeption einer zukunftsfähigen Aus- und Weiterbildung (vgl. Polizei Hamburg 2019). Als Ergebnis dieses Projektes wurde eine modulare Ausbildung im blended-learning Format umgesetzt. Ein solches Modell ist für Deutschland neu, in Ländern wie Belgien und Rumänien schon seit langer Zeit etabliert.

Abschließend soll für eine strukturelle Objektivierung komplementär der Bereich der Justiz kurz betrachtet werden.

7.5.3 Bewertung der OK-Relevanz durch die Justiz

Eine besondere Rolle im Phänomenbereich OK hat die Justiz, dort vor allem die Staatsanwaltschaft. Die OK-Zuordnung eines Sachverhaltes erfolgt durch die Polizei. Die strafrechtlichen Ermittlungen werden jedoch fast ausschließlich als Bandendelikte geführt, womit die Prüfung, ob ein Sachverhalt der Bandenkriminalität oder der OK zuzuordnen ist, für die Justiz entbehrlich bleibt. Dem polizeilichem Hellfeld zur OK könnte eine komplementäre OK-Einschätzung der Sachverhalte durch die Justizbehörden entgegengesetzt werden. So zeigt das sog. Trichtermodell den Kriminalisierungsprozess von der Gesamtmenge aller Straftaten (Dunkel- und Hellfeld), über die polizeilich registrierten Fälle, den aufgeklärten Fällen, der Anzahl der Tatverdächtigen, der Anzahl der Abgeurteilten, der Verurteilten und der zu unbedingten Freiheits- bzw. Jugendstrafen verurteilten auf (vgl. Kunz/ Singelnstein 2016, § 19 Rn. 3). Eine durchgehende Statistik des Verlaufes von Polizei über Staatsanwaltschaft bis hin zu Gerichten und den verhängten Sanktionen kann Anhaltspunkte dazu liefern, wie sich die vorgenommene strafrechtliche Bewertung der Polizei im Laufe des Verfahrens entwickelt (vgl. Voss-de Haan/ Lippert et al. 2015, S. 478). Ein Trichtermodell ausschließlich für den OK-Bereich würde Daten aus dem justiziellen Verfahrensgang enthalten. Dies würde Aufschlüsse zur justiziellen Validierung der polizeilichen Einschätzung eines Sachverhaltes geben. OK-Verfahren haben statistisch eine sehr hohe Aufklärungsquote, da diese der Kontrollkriminalität zuzuordnen sind, häufig aus Strukturermittlungen und anderen polizeilichen Quellen generiert und personenorientiert geführt werden. Es wäre relevant zu betrachten, wie OK-Verfahren im Bereich der Justiz weiterbearbeitet werden, ob es dort zu einer entsprechenden Anzahl an Verurteilungen kommt und ob ermittelte OK-Strukturen sich auch in den Verurteilungen widerspiegeln. Hierbei könnte insbesondere auch eine Synchronisierung der PKS mit der Strafverfahrensstatistik hilfreich sein.

Ein Problem ist jedoch die zeitliche Komponente, da die polizeiliche OK-Zuordnung deutlich vor Abgabe eines Verfahrens an die Staatsanwaltschaft getroffen wird und die Bearbeitung bei der Justiz bis zu einem rechtskräftigen Verfahrensabschluss langwierig ist. Somit würden zeitlich erheblich divergierende Daten verglichen. Hier könnte eine Sekundäranalyse, also eine erneute Einschätzung der polizeilichen Entscheidung zu registrierten Straftaten mit OK-Bezug, erfolgen (vgl. Wessel 2001, S. 114 f). Eine solche Sekundäranalyse könnte zum einen für den OK-Bereich und zum anderen für den Bereich der

Bandenkriminalität erfolgen, da eine scharfe Trennung oft nicht möglich ist. Ebenfalls ist es wahrscheinlich, dass auch Verfahren die OK-Strukturen aufweisen durch Polizei als Bandenkriminalität definiert wurden. Somit wäre eine Sekundäranalyse in beide Richtungen durchlässig und könnte als Ziel Aussagen zur Validität des Hellfeldes hinsichtlich des polizeilichen Registrierungsverhalten aufzeigen. Diese hier skizzierten flankierenden Maßnahmen könnten helfen, die OK-Bekämpfung substantiell zu objektivieren. Im abschließenden Fazit sollen die wesentlichen Feststellungen zu den forschungsleitenden Fragen und der Untersuchungsannahme aufgegriffen und die Lösungsansätze für das Problem der polizeilichen Definitionsmacht zusammenfassend skizziert werden.

8. Fazit

Diese Studie hat die Komplexität des Phänomens der Organisierten Kriminalität und die damit verbundenen Herausforderungen herausgearbeitet. Es konnte festgestellt werden, dass die Unschärfe der OK-Definition der Institution Polizei eine hohe Definitionsmacht bietet. Die erste forschungsleitende Frage „Wer definiert Organisierte Kriminalität?“ konnte dahingehend beantwortet werden, dass dieses im Wesentlichen die Organisation Polizei ist. Die seit 1990 genutzte Arbeitsdefinition OK ist zwar keine rein polizeiliche Definition, nichtsdestotrotz erfolgen Zuordnungen im Hellfeld, dem Bundeslagebild OK, ausschließlich durch die Organisation Polizei.

Die zweite forschungsleitende Frage „Ist der definitorische Ansatz der Organisierten Kriminalität (wie dargestellt) unter kriminalwissenschaftlichen Aspekten sachgerecht und zeitgemäß?“ konnte dahingehend beantwortet werden, dass eine allgemeingültige Definition, die alle denkbaren OK-Erscheinungsformen beschreibt, immer eine hohe Unschärfe haben muss. Bandendelikte sind häufig nicht eindeutig von Organisierter Kriminalität abzugrenzen. Durch den klandestinen Charakter von OK wird häufig eine eindeutige Zuordnung, speziell in einem frühen Stadium von Ermittlungen, nicht möglich oder zumindest erschwert sein. Insgesamt kann allerdings auf eine OK-Definition nicht verzichtet werden. Mittels den ergänzenden OK-Indikatoren kann jedoch eine Klassifizierung von Sachverhalten anhand von außen leichter erkennbaren Merkmalen unterstützt werden. Im Ergebnis ist daher der definitorische Ansatz in Verbindung mit Indikatoren ein weiterhin zeitgemäßer Ansatz. Allerdings müssen die Definition und die Indikatoren ständig weiterentwickelt und angepasst werden. Aktuell wäre daran zu denken die starren Grenzen zwischen Organisierter Kriminalität und Terrorismus aufzuweichen und somit stärker der Realität anzupassen. Ebenfalls bleibt abzuwarten, ob eine Strafverfolgung von OK zukünftig verstärkt im Rahmen von Verfahren wegen des Verdachtes der Bildung einer kriminellen Vereinigung nach § 129 StGB geführt werden. Dies ist bisher die absolute Ausnahme, OK-Verfahren werden zumeist im Rahmen von Bandendelikten geführt.

Im Zusammenhang mit der dritten forschungsleitenden Frage „Was wird im Hellfeld tatsächlich als Organisierte Kriminalität bearbeitet?“ konnte festgestellt werden, dass das Hellfeld durch das jährliche Bundeslagebild OK geprägt ist. Dieses erlaubt jedoch keine Rückschlüsse auf die Quantität und Qualität tatsächlich vorhandener OK. Es ist vielmehr ein Nachweis dessen, was polizeilich als OK bearbeitet bzw. registriert wurde. Die als OK bearbeiteten Delikte sind fast ausschließlich der Kontrollkriminalität zuzuordnen, korrigierende bzw.

ergänzende empirische Forschung gibt es wenig und ist häufig wiederum polizeilich geprägt. Es konnte aufgezeigt werden, dass die Einleitungsgrundlagen im Rahmen von proaktiven polizeilichen Tätigkeiten und (kleinteiligen) polizeilichen Strukturen zur OK-Bekämpfung ebenfalls einen hohen Einfluss auf die Ausgestaltung des Hellfeldes haben. Die Organisation Polizei bearbeitet das als OK, was sie im Rahmen von proaktiven Tätigkeiten als diese klassifiziert und für die sie die notwendigen Ressourcen zu Bearbeitung bereitstellt. Im Ergebnis kann daher die Untersuchungsannahme:

„Die polizeiliche OK-Bekämpfung in Deutschland ist derzeit strukturell viel zu selbstreferenziell ausgerichtet, was die Aussagekraft kriminalstatistischer phänomenologischer Lagebilder und damit die notwendige Problembeschreibung zur Fortentwicklung sicherheitsbehördlicher Strategien und kriminalstrategisch sachgerechter Politikberatung bottom-up einschränkt"

bestätigt werden. Durch die Unschärfe des OK-Begriffes, der geringen Aussagekraft des Hellfeldes, der Zuordnung der meisten Delikte zur Kontrollkriminalität, der proaktiven Generierung von Ermittlungsverfahren, der Dienststellenstruktur und ihrer Auftragszuständigkeit hat die Polizei exklusiven Zugriff auf die OK-Zuordnung eines Sachverhaltes. Die Organisation Polizei bestimmt mit dem einzig vorhandenen kriminalstatistisch phänomenologischen Lagebild, dem Bundeslagebild OK, das Hellfeld. Somit ist die OK-Bekämpfung in Deutschland strukturell selbstreferenziell ausgerichtet. Die Problembeschreibung zur Fortentwicklung sicherheitsbehördlicher Strategien wird ebenfalls durch die Organisation Polizei -unter Rückgriff auf das selbst erstellte Hellfeld- geprägt. Eine übergreifende Kriminalstrategie zur OK-Bekämpfung existiert in Deutschland nicht. In der Konsequenz können polizeiliche Forderungen nach weitergehenden Eingriffsbefugnissen, unter Verweis auf das hohe OK-Bedrohungspotential, mit der selbst erstellten Kriminalstatistik argumentativ untermauert werden. Dieses schränkt Politikberatung bottom-up ein.

Hinsichtlich der vierten forschungsleitenden Frage „Kann das phänomenologisch weite Feld der OK in der bisherigen polizeilichen Struktur der OK-Bekämpfung substantiell objektiviert werden?" wurde aufgezeigt, dass zunächst eine Kriminalstrategie zur Bekämpfung von Organisierten Kriminalität in Deutschland zur Objektivierung beitragen würde. Hierzu wären zunächst aussagekräftigere Lagebilder erforderlich, die über das Bundeslagebild OK hinausgehen und polizeifremde Quellen und Ergebnisse empirischer Forschung berücksichtigen. Hier könnte ein kriminalpolitisches Bedrohungsszenario, wie etwa ein „Sicherheitsbericht OK“, Grundlage für eine umfangreichere Kriminalstrategie sein. Dieses würde der Politik die Möglichkeit geben, kriminalpolitisch Einfluss auf die polizeiliche Tätigkeit im OK-Bereich zu nehmen. Dies würde einer top-down Steuerung entsprechen. Durch eine zukunftsorientierte Bedrohungsanalyse, die sowohl OK als auch dessen Vorfeld und Bandenkriminalität berücksichtigen sollte, könnten Entwicklungen frühzeitiger und einfacher erkannt werden. So könnten limitierte polizeiliche Ressourcen objektiver gesteuert werden. Da sich Entwicklungen eher im niedrigschwelligen Bereich abzeichnen und die Grenzen zwischen OK, OK-Vorfeld und Bandenkriminalität nicht scharf gezogen werden können, ist eine kombinierte Betrachtung erforderlich.

Aufbauend auf einer solchen Bedrohungsanalyse könnte dann ein kriminalstrategischer Schwerpunktbildungsprozess gestützt werden. Dies erfolgt derzeit in Deutschland durch den KOK-Schwerpunktbildungsprozess. Im Rahmen der Schwerpunktidentifizierung und -festlegung würden dann bereits Daten zu OK-relevanten Bereichen, Phänomenen und Gruppierungen erhoben, die dann im nächsten Schritt für die Einleitung von Strukturermittlungsverfahren kriminaltaktisch genutzt werden können. Die hohe polizeiliche Definitionsmacht im Phänomen OK kann durchbrochen werden, wenn kriminalstrategische Schwerpunkte vorgegeben werden, die dann eine kriminaltaktische Priorisierung auslösen.

Die Anzahl der möglichen Strukturermittlungsverfahren gegenüber den begrenzten polizeilichen Ressourcen machen eine Priorisierung unumgänglich. Um eine fundierte und objektive Priorisierung zu ermöglichen, wären die selektierten kriminalstrategischen Schwerpunktbereiche auf in diesen Bereichen aktive kriminelle Gruppierungen hin zu analysieren. Die kriminellen Gruppierungen mit dem höchsten Bedrohungspotential wären mit den verfügbaren Ressourcen priorisiert im Rahmen von Strukturverfahren zu belegen. Da die Anzahl der möglichen Strukturverfahren die Ressourcen übersteigt, ist dazu ein qualitativer Vergleich der einzelnen Gruppierungen nötig. Hier wurden mit den Modellen des OCGM und des OK-Potentials, und insbesondere der Kombination aus beiden, Möglichkeiten aufgezeigt, wie ein solcher qualitative Vergleich erfolgen könnte. Es ist das Ziel, messbare, nachvollziehbare und möglichst objektive Werte des Bedrohungspotentials einer kriminellen Gruppierung zu erlangen. Ebenfalls kann mit diesen Modellen polizeilicher Erfolg sicht- und messbar gemacht werden, also etwaiger Erfolg ebenfalls objektiviert werden.

Zur Durchbrechung der hohen Definitionsmacht der Polizei im Deliktsbereich der Organisierten Kriminalität könnte ein Kreislauf geschaffen werden, der zunächst die Erstellung eines kriminalpolitischen Bedrohungsszenarios beinhaltet und auf dem aufbauend eine Kriminalstrategie entwickelt wird, die zur Schwerpunktbildung genutzt werden kann. Aus dieser Schwerpunktbildung heraus kann dann über die zu priorisierenden Strukturermittlungsverfahren bestimmt werden. Aus den dann geführten Ermittlungsverfahren könnte eine Rückkoppelung der Ergebnisse und Erkenntnisse zur Validierung der Schwerpunktsetzung erfolgen. Die Priorisierung einzelner Strukturermittlungsverfahren, in Abhängigkeit von der Schwerpunktbildung, wäre eine kriminaltaktische Fortführung der Kriminalstrategie. Um dieses zu ermöglichen, müsste die Entscheidung über zu priorisierende Strukturverfahren durch eine „OK-Steuerungsgruppe“, wie bspw. in Dänemark und den Niederlanden üblich, erfolgen. Damit würde die Definitionsmacht substantiell objektiviert werden. Die Entscheidungsmacht -und somit die Definitionsmacht- würde aus der eigentlichen Arbeitsebene herausgelöst und objektiver gestaltet werden.

Ein solches Vorgehen kann international an dem jeweiligen vierjährigen EU-Policy Cycle und dem Europol SOCTA-Report ausgerichtet und angeschlossen werden. Eine solche Ausrichtung würde gewährleisten, dass eine strategische Schwerpunktbildung europäisch abgestimmt ist. Es könnte ebenfalls gewährleistet werden, dass deutsche Erkenntnisse gebündelt werden und im Rahmen des EU SOCTA-Reports einfließen und angemessen berücksichtigt werden können.

Die skizzierten Abläufe würden auch dem System der nichtjuristischen Kriminalwissenschaften entsprechen. Es könnte über ein nationales OK-Bedrohungsszenario bzw. einen OK-Sicherheitsbericht eine kriminalpolitische Steuerung im Deliktsfeld der Organisierten Kriminalität gewährleistet werden. Die kriminalstrategische Schwerpunktsetzung würde dann als Scharnierfunktion zu den einzelnen priorisierten Bereichen und den daraus abgeleiteten Auswerteprojekten und folgenden Strukturermittlungsverfahren dienen. Somit würde eine durchgehende Schwerpunktbildung der OK-Bekämpfung umgesetzt werden. Die Ergebnisse und Erkenntnisse können dann wieder zurückgekoppelt werden. So könnte die Kriminalstrategie fortgeschrieben und die kriminalpolitische Steuerung weiterentwickelt werden.

Das vermutlich größte Problem einer solchen Neuausrichtung der Schwerpunktsetzung im Deliktsfeld der Organisierten Kriminalität wäre die Akzeptanz auf den Polizeidienststellen. Die Definitionsmacht würde sich von der Arbeitsebene hin zu Steuerungsgruppen und (internationale) Schwerpunktbildungsprozesse verschieben. Hier wäre vermutlich mit erheblichen Widerständen der Arbeitsebene zu rechnen. Bei Anwendung von qualitativen Messungen müssten ebenfalls zunächst Daten zu den bekannten kriminellen Gruppierungen erhoben werden, was einen erheblichen Mehraufwand bedeuten würde.

Deutlich wird bei den aufgezeigten Möglichkeiten die hohe Relevanz kriminalpolizeilicher Auswertung und Auswertedienststellen. Die skizzierten Abläufe bedingen, dass zunächst Daten erhoben und bewertet werden, bevor es zur Einleitung von umfangreichen Strukturermittlungsverfahren kommt. Es sind im Rahmen der Auswertung zunächst Daten zusammenzutragen, die dann für eine qualitative Bewertung und eine darauf aufbauende Priorisierung genutzt werden. Daher sind diese Auswertebereiche/Auswertedienststellen personell und fachlich so aufzustellen, dass eine strategische aber auch operative Auswertung geleistet werden kann.

Das hier skizzierte Vorgehen würde die polizeilichen Strukturen des phänomenologisch weiten Feldes der Organisierten Kriminalität substantiell objektivieren. Die existierende strukturelle Selbstreferenz könnte so aufgelöst werden. Objektiv entwickelte sicherheitsbehördliche Strategien würden ebenfalls eine stärkere top-down Steuerung ermöglichen. Diese Abläufe entsprechen auch den frühesten Forderungen von Otto Boettcher, der bereits 1973 forderte, dass kriminelle Gruppierungen frühzeitig erkannt werden müssen und ihre Tätigkeit und ihre Entwicklung ständig zu beobachten seien. Boettcher forderte weiter, dass die Beobachtungsergebnisse zu sammeln, auszuwerten und koordiniert an die Länderpolizeien zu geben seien, damit diese aus eigener Veranlassung die Tätigkeit von „Banden" schwerpunktmäßig und frühzeitig bekämpfen können (vgl. Boettcher 1973, S. 37). Ebenfalls entsprechen diese Abläufe den Forderungen nach einer kriminalstrategischen Steuerung im Deliktsbereich der Organisierten Kriminalität, wie sie seit Jahrzehnten erhoben werden. Sieber und Bögel führen beispielsweise im Rahmen der LOOK-Studie aus, dass es an Einzelvorschlägen nicht mangelt, es jedoch in Deutschland ein strukturelles Defizit im Hinblick auf ein schlüssiges Gesamtkonzept geben würde (vgl. Sieber/ Bögel 1993, S. 376). Das flankierende Erfordernis einer internationalen Zusammenarbeit wurde bereits vor bald hundert Jahren von Hans Schmitz in seiner Dissertation „Das internationale Verbrechertum und seine Bekämpfung" eindrucksvoll aufgezeigt (vgl. Schmitz 1927, S. 116). Es wird deutlich, dass viele der Möglichkeiten einer substantiellen Objektivierung und kriminalstrategischen Steuerung seit vielen Jahrzehnten diskutiert, aber bisher nicht mit der notwendigen Konsequenz in einem stimmigen Gesamtkonzept umgesetzt wurden. Die Entwicklung eines schlüssigen

Gesamtkonzeptes inklusive einer korrespondierenden Kriminalstrategie könnte ein erster Schritt sein.

Literaturverzeichnis

AG PFA (Arbeitsgemeinschaft Polizei-Führungsakademie (1994): Führung und Einsatz von Sonderkommissionen. In: Büchler, Heinz, Wagner, Dieter, Grawert, Achim et al. (Hrsg.): Effektivität und Effizienz kriminalpolizeilicher Organisationsformen auf Zeit. BKA-Forschungsreihe Band 31. BKA Wiesbaden, S. 315-437

Amnesty International UK (2018): Trapped in the Matrix. Secrecy, stigma, and bias in the Met´s Gang Database. London, verfügbar unter: https://www.amnesty.org.uk/files/2018-05/Trapped%20in%20the%20Matrix%20Amnesty%20report.pdf?VersionId=IJSxllcKfkZgr4gHZsz0vW8JZ0W3V_PD, zuletzt abgerufen am: 30.01.2022

Anders, Dieter (2006): Verknüpfung von organisierter Kriminalität und Terrorismus. Eingangsstatement zur Podiumsdiskussion. In: Gropp, Walter, Sinn, Arndt (Hrsg.): Organisierte Kriminalität und kriminelle Organisationen. Präventive und repressive Maßnahmen vor dem Hintergrund des 11. September 2001. Nomos Verlagsgesellschaft, Baden-Baden, S. 607-613

Bannenberg, Britta (2020): Wer sucht der findet…Fehlende OK-Ermittlungen. In: Duttge, Gunnar, Heinrich, Bernd, Schiemann, Anja (Hrsg.): Kriminalpolitische Zeitschrift, Ausgabe 4/2020. Online-Zeitschrift, verfügbar unter: https://kripoz.de/Kategorie/ausgabe-4-2020/, zuletzt abgerufen am: 30.01.2022, S. 204-209

Berthel, Ralph, Lapp, Matthias (2017): Kriminalstrategie. C. F. Müller GmbH, Heidelberg

Besozzi, Claudio (1997): Organisierte Kriminalität und empirische Forschung. Verlag Rüegger AG, Chur und Zürich

BKA (2018): Organisierte Kriminalität. Bundeslagebild 2017. Wiesbaden

BKA (2019): Organisierte Kriminalität. Bundeslagebild 2018. Wiesbaden

BKA (2020): Organisierte Kriminalität. Bundeslagebild 2019. Wiesbaden

BKA (2021): Organisierte Kriminalität. Bundeslagebild 2020. Wiesbaden

BMI/ BMJV (2021): Dritter Periodischer Sicherheitsbericht. Berlin

BMJV (2018): Richtlinien für das Strafverfahren und das Bußgeldverfahren (RiStBV) vom 01.01.1977 i. d. F. vom 01.12.2018 (BAnz AT 30.11.2018 B3), Anlage E: Gemeinsame Richtlinien über die Zusammenarbeit von Staatsanwaltschaft und Polizei bei der Verfolgung der Organisierten Kriminalität. Berlin

Boeden, Gerhard (1986): Erscheinungsformen und polizeiliche Bekämpfungsmöglichkeiten der organisierten Kriminalität. In: Schwind, Hans-Dieter, Steinhilper, Gernot, Kube, Edwin (Hrsg.) (1987): Organisierte Kriminalität. Beiträge zu einer Fachtagung der Deutschen Kriminologischen Gesellschaft und zur Verleihung der Beccaria-Medaille 1986. Kriminalistik Verlag, Heidelberg, S. 23-40

Boekhout van Solinge, Tim (2019): The Illegal Exploitation of Natural Resources. In: Paoli, Letizia (Hrsg.): The Oxford Handbook of Organized Crime. Oxford University Press, New York, S. 500-526

Boettcher, Otto (1973): Umfang und Problematik der organisierten Kriminalität sowie Zielvorstellung zur Bekämpfung derartiger Verbrechergemeinschaften. In: Polizei-Führungsakademie (Hrsg.): Organisierte Kriminalität - Phänomen und Bekämpfung (Bilanz der Erscheinungsformen und Konstellation organisierter Verbrechergemeinschaften sowie der Möglichkeit polizeilicher Aktivitäten im Zusammenwirken mit anderen Behörden). Polizei-Führungsakademie, Hiltrup, S. 11-37

Bögel, Marion (1994): Strukturen und Systemanalyse der Organisierten Kriminalität in Deutschland. Duncker & Humblot GmbH, Berlin

Brisach, Gertraud, Maletz-Gaal, Claudia (2018): Mögliche Konsequenzen der Neufassung des § 129 StGB für die Bekämpfung der Organisierten Kriminalität. In: Kriminalistik, Ausgabe 5/2018. C. F. Müller GmbH, Heidelberg, S. 300-304

Büchler, Heinz, Wagner, Dieter, Grawert, Achim et al. (1994): Effektivität und Effizienz von Organisationsformen auf Zeit. In: Büchler, Heinz, Wagner, Dieter, Grawert, Achim et al. (Hrsg.): Effektivität und Effizienz kriminalpolizeilicher Organisationsformen auf Zeit. BKA-Forschungsreihe Band 31. BKA Wiesbaden, S. 15-274

Bulanova-Hristova, Gergana, Flach, Gerhard, Poerting, Peter (2015): Verbrechen 4.0 - im Griff der Organisierten Kriminalität? Bericht über die 60. BKA-Herbsttagung. In: Kriminalistik, Ausgabe 1/2015. C. F. Müller GmbH, Heidelberg, S. 3-8

Bulanova-Hristova, Gergana, Kasper, Karsten (2019): Organisierte Kriminalität, organisiert begangene Cybercrime, Cyber-OK? Ausgewählte Ergebnisse aus einem internationalen Projekt. In: Tzanetakis, Meropi, Stöver, Heino (Hrsg.): Drogen, Darknet und Organisierte Kriminalität. Herausforderungen für Politik, Justiz und Drogenhilfe. Nomos Verlagsgesellschaft, Baden-Baden, S. 85-109

Bulanova-Hristova, Gergana, Kasper, Karsten, Odinot, Geralda et al. (Hrsg.) (2016): Cyber-OC – Scope and manifestations in selected EU member states. BKA Wiesbaden, online verfügbar unter: https://eucpn.org/sites/default/files/document/files/52._cyber-oc_-_scope_and_manifestations_in_selected_eu_member_states.pdf, zuletzt abgerufen am: 30.01.2022

Bülles, Egbert (2015): Deutschland Verbrecherland? Mein Einsatz gegen die organisierte Kriminalität. Ullstein Bucherverlage GmbH, Berlin

Bundesamt für Justiz (2021): Übersicht Telekommunikationsüberwachung für 2019 (Maßnahmen nach § 100a StPO). Stand 12.02.2021 (korrigierte Fassung). Verfügbar unter: https://www.bundesjustizamt.de/DE/SharedDocs/Publikationen/Justizstatistik/Uebersicht_TKUE_2019.pdf?__blob=publicationFile&v=7, zuletzt abgerufen am: 30.01.2022

Clages, Horst (2019): Einführung in die Kriminalistik. In: Clages, Horst, Ackermann, Rolf (Hrsg.): Der rote Faden. Grundsätze der Kriminalpraxis. C. F. Müller GmbH, Heidelberg, 14., neu bearbeitete Auflage, S. 1-22

Council of the European Union (2014): The EU Policy Cycle to tackle organised and serious international crime. Brüssel, verfügbar unter: https://www.consilium.europa.eu/media/30232/qc0114638enn.pdf, zuletzt abgerufen am: 30.01.2022.

Czerner, Frank (2017): Digitale Forensik zwischen (Online-)Durchsuchung, Beschlagnahme und Datenschutz. In: Labudde, Dirk, Spranger, Michael (Hrsg.): Forensik in der digitalen Welt. Moderne Methoden der forensischen Fallarbeit in der digitalen und digitalisierten realen Welt. Springer-Verlag GmbH, Berlin, S. 265-300

Dienstbühl, Dorothee (2021): Clankriminalität. Phänomen - Ausmaß - Bekämpfung. C. F. Müller GmbH, Heidelberg

Dörmann, Uwe, Koch, Karl-Friedrich, Risch, Hedwig et al. (1990): Organisierte Kriminalität - wie groß ist die Gefahr? Expertenbefragung zur Entwicklung der Organisierten Kriminalität in der Bundesrepublik Deutschland vor dem Hintergrund des zusammenwachsenden Europa. BKA-Forschungsreihe, Sonderband. Wiesbaden

EMCDDA (2019): EU Drug Markets Report 2019. Lissabon

EMCDDA (2000): Pilot Project to Describe and Analyse Local Drug Markets. First Phase Final Report. Illegal Drug Markets in Frankfurt and Milan. Lissabon

EMCDDA (2021): European Drug Report 2021: Trends and Developments. Lissabon

Europol (2021): EU SOCTA 2021 - Serious and Organised Crime Threat Assessment. Den Haag

Europol (2021a): EU Policy Cycle - EMPACT. EMPACT 2022+ Fighting crime together. Den Haag, verfügbar unter: https://www.europol.europa.eu/crime-areas-and-statistics/empact, zuletzt abgerufen am: 30.01.2022

Evans, Janet, Kebbell Mark R. (2012): The effective analyst: a study of what makes an effective crime and intelligence analyst. Policing and Society, Ausgabe 2/2012. Taylor & Francis Group, Abingdon, S. 204-219

Feest, Johannes, Blankenburg, Erhard (1972): Die Definitionsmacht der Polizei. Bertelsmann Universitätsverlag, Düsseldorf

Feltes, Thomas (2020): Der sog. „Strukturbericht" zu „Outlaw Motorcycle Gangs" (OMCG) des LKA Baden-Württemberg und seine Verwendung im Rahmen von Verwaltungsentscheidungen - eine kriminologisch-rechtstatsächliche Bewertung. In: Feltes, Thomas, Rauls, Felix (Hrsg.): Der Kampf gegen Rocker. Der „administrative Ansatz" und seine rechtsstaatlichen Grenzen. Verlag für Polizeiwissenschaft, Frankfurt am Main, S. 43-81

Flach, Gerhard, Reck, Niklas (2018): Bekämpfung der Kriminalität - Wo stehen wir, wo wollen wir hin? Ein Bericht über die Herbsttagung des Bundeskriminalamtes 2017. In: Kriminalistik, Ausgabe 1/2018. C. F. Müller GmbH, Heidelberg, S. 3-9

Freiberg, Konrad, Thamm Berndt Georg (1992): Das Mafia Syndrom. Organisierte Kriminalität: Geschichte - Verbrechen - Bekämpfung. Verlag Deutsche Polizeiliteratur GmbH, Hilden

Friedrich, Beate (oJ): Prince2:2017 kurz und bündig. Alaba Products SL, Palma de Mallorca

Gemmer, Karl-Heinz (1975): Organisiertes Kriminalität - eine Gefahr für die innere Sicherheit? In: Bundeskriminalamt (Hrsg.): Organisiertes Verbrechen. Arbeitstagung des Bundeskriminalamtes Wiesbaden vom 21. Oktober bis 25. Oktober 1974. BKA, Wiesbaden, S. 9-15

Gewerkschaft der Polizei (2012): Organisierte Kriminalität (OK). Online, verfügbar unter: https://www.gdp.de/gdp/gdphe.nsf/id/DE_pos-papier-ok/$file/GdP-Pospapier%20-%20OK.pdf, zuletzt abgerufen am: 30.01.2022

Gimenez-Salinas Framis, Andrea (2017): Organised Crime as a Framework Concept. In: Larsen, Henrik Legind, Blanco, Jose Maria, Pastor Pastor, Raquel et al. (Hrsg.): Using Open Data to Detect Organized Crime Threats. Factors Driving Future Crime. Springer International Publishing AG, Cham, S. 3-23

Gobierno de España (2019): National Strategy against Organized Crime and Serious Crime 2019-2023. Security is a common project. Madrid

Göppinger, Hans (1997): Kriminologie. C. H. Beck´sche Verlagsbuchhandlung, München, 5. Auflage

Gropp, Walter, Schubert, Liane, Wörner, Matthias (2001): Deutschland. In: Gropp, Walter, Huber, Barbara (Hrsg.): Rechtliche Initiativen gegen organisierte Kriminalität. Max-Planck-Institut für ausländisches und internationales Strafrecht, Freiburg i. Br., S. 69-201

Grundböck, Karl-Heinz (2017): Polizei, Medien und Öffentlichkeit. Beziehungen, Krisen und Verantwortung. In: Stierle, Jürgen, Wehe, Dieter, Siller, Helmut (Hrsg.): Handbuch Polizeimanagement. Polizeipolitik - Polizeiwissenschaft - Polizeipraxis. Band 2. Springer Fachmedien Wiesbaden GmbH, Wiesbaden, S. 1035-1044

Haberland, Nikolaus (1973): Umfang und Bekämpfung des internationalen illegalen Handels und Schmuggels durch organisierte Verbrechergemeinschaften. In: Polizei-Führungsakademie (Hrsg.): Organisierte Kriminalität - Phänomen und Bekämpfung (Bilanz der Erscheinungsformen und Konstellation organisierter Verbrechergemeinschaften sowie der Möglichkeit polizeilicher Aktivitäten im Zusammenwirken mit anderen Behörden). Polizei-Führungsakademie, Hiltrup, S. 83-103

Heinz, Wolfgang (1993): Anzeigeverhalten. In: Kaiser, Günther, Kerner, Hans-Jürgen, Sack, Fritz et al. (Hrsg.): Kleines Kriminologisches Wörterbuch. C. F. Müller Juristischer Verlag GmbH, Heidelberg, 3., völlig neubearbeitete und erweiterte Auflage, S. 27-33

Home Office (2017): How to identify and work with individuals vulnerable to involvement in Serious and Organised Crime. Guide based on the Greater Manchester Pilot Project Engage. London, online verfügbar unter: https://policeandschools.org.uk/onewebmedia/Identifying%20&%20Working%20With%20Individuals%20Vulnerable%20To%20Involvement%20In%20Serious%20and%20Organised%20Crime.pdf, zuletzt abgerufen am: 30.01.2022

Home Office (2018): Management of Risk in Law Enforcement (MoRiLE) based scoring: standards. Version 1.0. London, online verfügbar unter: https://assets.publishing.service.gov.uk/government/uploads/system/uploads/attachment_data/file/679814/Tactical-MoRiLE-Scoring-Standards-v1.0EXT.pdf, zuletzt abgerufen am: 30.01.2022

Innenministerkonferenz, Arbeitskreis II, ad hoc-Ausschuss der AG Kripo (1983/ nicht veröffentlicht, beim Autor vorhanden, deshalb zitiert nach): Neue Methoden der Verbrechensbekämpfung. Bericht des vom Arbeitskreis II der Innenministerkonferenz eingesetzten ad hoc-Ausschuss. In: Vorgänge e.V. (Hrsg.): Vorgänge 66 - Zeitschrift für Bürgerrechte und Gesellschaftspolitik, Ausgabe 6 (1983). Verlag Vorgänge, München, S. 17-28

Jahnes, Ines (2010): Initiativermittlungen im Bereich der Organisierten Kriminalität. Peter Lang GmbH, Frankfurt am Main

Jung, Heike (1993): Massenmedien und Kriminalität. In: Kaiser, Günther, Kerner, Hans-Jürgen, Sack, Fritz et al. (Hrsg.): Kleines Kriminologisches Wörterbuch. C. F. Müller Juristischer Verlag, Heidelberg, 3., völlig neubearbeitete und erweiterte Auflage, S. 345-350

Kerner, Hans-Jürgen (1973): Professionelles und organsiertes Verbrechen. Versuch einer Bestandsaufnahme und Bericht über neuere Entwicklungstendenzen in der Bundesrepublik Deutschland und in den Niederlanden. BKA Schriftenreihe, Wiesbaden

Kinzig, Jörg (2004): Die rechtliche Bewältigung von Erscheinungsformen organisierter Kriminalität. Duncker & Humblot GmbH, Berlin

Kleinschmidt, Thorsten (2021): Kriminalstrategien gegen das gewerbsmäßige Einschleusen von Ausländern. Untersuchung europäischer und nationaler Instrumente gegen die Scheineheschließung als Modus Operandi moderner Schleusernetzwerke. In: Kriminalistik, Ausgabe 5/2021. C. F. Müller GmbH, Heidelberg, S. 310-314

KPMG (KPMG AG Wirtschaftsprüfungsgesellschaft) (2020): Im Spannungsfeld: Wirtschaftskriminalität in Deutschland. Online verfügbar unter: https://assets.kpmg/content/dam/kpmg/de/pdf/Themen/2020/08/studie-im-spannungsfeld-wirtschaftskriminalitaet-in-deutschland-2020.pdf, zuletzt abgerufen am: 30.01.2022

Kruse, Martin, Svendsen, Adam D. M. (2017): Foresight and the Future of Crime: Advancing Environmental Scanning Approaches. In: Larsen, Henrik Legind, Blanco, Jose Maria, Pastor Pastor, Raquel et al. (Hrsg.): Using Open Data to Detect Organized Crime Threats. Factors Driving Future Crime. Springer International Publishing AG, Cham, S. 73-101

Kube, Edwin (1996): Situationsbericht für Deutschland. In: Mayerhofer, Christoph, Jehle, Jörg-Martin (Hrsg.): Organisierte Kriminalität. Lagebilder und Erscheinungsformen. Bekämpfung und rechtliche Bewältigung. Kriminalistik Verlag, Heidelberg, S. 17-32

Kunz, Karl-Ludwig, Singelnstein, Tobias (2016): Kriminologie. Eine Grundlegung. Haupt Verlag, Bern, 7., grundlegend überarbeitete Auflage

Kuster, Jürg, Bachmann, Christian, Huber, Eugen et al. (2019): Handbuch Projektmanagement. Agil - Klassisch - Hybrid. Springer-Verlag GmbH Deutschland, Berlin

Küther, Carsten (1987): Räuber und Gauner in Deutschland. Das organisierte Bandenwesen im 18. und frühen 19. Jahrhundert. Vandenhoeck & Ruprecht, Göttingen, 2., durchgesehene Auflage

Laudan, Sebastian (2021): Neue Wege in der Bekämpfung Schwerer und Organisierter Kriminalität - Die Täterorientierte Schwerpunktermittlung (ToSE). In: Berthel, Ralph (Hrsg.): Kriminalistik und Kriminologie in der VUCA-Welt. Ermittlungen. Teil III. Eigenverlag der Hochschule der Sächsischen Polizei (FH), Rothenburg/OL, S. 43-59

Lindlau, Dagobert (1989): Der Mob. Recherchen zum organisierten Verbrechen. Deutscher Taschenbuch Verlag GmbH & Co. KG, München

Manske, Mirko (2020): Crime-as-a-Service. Die Neun Säulen - Eine Phänomenbeschreibung. In: Kriminalistik, Ausgabe 04/2020. C. F. Müller GmbH, Heidelberg, S. 235-239

Marouschek, Paul (2020): Unterstützung für den Staatsanwalt: Operative Kriminalanalyse in komplexen Ermittlungsfällen. In: Artkämper, Heiko, Gundlach, Thomas E., Straub, Thomas (Hrsg.): Kriminalistik - Ein aktueller Themenüberblick. Richard Boorberg Verlag GmbH & Co. KG, Stuttgart, S. 139-160

Mayerhofer, Christoph (1996): Das organisierte Verbrechen im Bereich der Drogenkriminalität. In: Mayerhofer, Christoph, Jehle, Jörg-Martin (Hrsg.): Organisierte Kriminalität. Lagebilder und Erscheinungsformen. Bekämpfung und rechtliche Bewältigung. Kriminalistik Verlag, Heidelberg, S. 79-84

Menninghaus, Sarah Luise (2020): Nationale und grenzüberschreitende Vermögensabschöpfung in Deutschland, der Schweiz, England und Wales. Peter Lang GmbH, Berlin

Meran, Renata, John, Alexander, Staudler, Christian et. al (2014): Six Sigma +Lean Toolset. Mindset zur erfolgreichen Umsetzung von Verbesserungsprojekten. Springer-Verlag, Berlin, Heidelberg, 5. Auflage

Mokros, Reinhard (2015): Polizeiwissenschaft und Polizeiforschung in Deutschland. Versuch einer kritischen Bestandsaufnahme. Felix-Verlag GbR, Holzkirchen/Obb., 3. Auflage

Mörbel, Richard Karl (2000): Organisierte Kriminalität in der Bundesrepublik Deutschland. In: Meier-Walser, Reinhard C., Hirscher, Gerhard, Lange, Klaus et al. (Hrsg.): Organisierte Kriminalität. Bestandsaufnahme, Transnationale Dimension, Wege der Bekämpfung. Hanns-Seidel-Stiftung, München, unveränderter Nachdruck, S. 36-51

Neubacher, Frank (2019): Organisierte Kriminalität - Kontextualisierung des Forschungsstandes. In: Tzanetakis, Meropi, Stöver, Heino (Hrsg.): Drogen, Darknet und Organisierte Kriminalität. Herausforderungen für Politik, Justiz und Drogenhilfe. Nomos Verlagsgesellschaft, Baden-Baden, S. 51-62

Neubacher, Frank (2020): Kriminologie. Nomos Verlagsgesellschaft Baden-Baden, 4. Auflage

Nottinghamshire Police (2015): Update on Nottinghamshire Police´s approach to tackling Organised Crime. Online verfügbar unter: https://www.nottinghamshire.gov.uk/DMS/Document.ashx?czJKcaeAi5tUFL1DTL2UE4zNRBcoShgo=qPVJwkOtp69xtlLtDZD%2B0E8IF%2Be-GAcnA9jy7NG6BOTg4DpUz04WhmQ%3D%3D&rUzwRPf%2BZ3zd4E7Ikn8Lyw%3D%3D=pwRE6AGJFLD-Nlh225F5QMaQWCtPHwdhUfCZ%2FLUQzgA2uL5jNRG4jdQ%3D%3D&mCTIbCubS-FfXsDGW9IXnlg%3D%3D=hFflUdN3100%3D&kCx1AnS9%2FpWZQ40DXFvdEw%3D%3D=hFflUdN3100%3D&uJovDxwdjM-PoYv%2BAJvYtyA%3D%3D=ctNJFf55vVA%3D&FgPIIEJY-lotS%2BY-GoBi5olA%3D%3D=NHdURQburHA%3D&d9Qjj0ag1Pd993jsyOJqFvmyB7X0CSQK=ctNJFf55vVA%3D&WGe-wmoAfeNR9xqBux0r1Q8Za60lavYmz=ctNJFf55vVA%3D&WGe-wmoAfeNQ16B2MHuCpMRKZMwaG1PaO=ctNJFf55vVA%3D, zuletzt abgerufen am 30.01.2022

Ohlemacher, Thomas (1998): Verunsichertes Vertrauen. Gastronomen in Konfrontation mit Schutzgelderpressung und Korruption. Nomos Verlagsgesellschaft, Baden-Baden

Paoli, Letizia, Vander Beken, Tom (2019): Organized Crime: A Contested Concept. In: Paoli, Letizia (Hrsg.): The Oxford Handbook of Organized Crime. Oxford University Press, New York, S. 13-31

Pastor Pastor, Raquel, Larsen, Henrik Legind (2017): Scanning of Open Data for Detection of Emerging Organized Crime Threats - The ePOOLICE Project. In: Larsen, Henrik Legind, Blanco, Jose Maria, Pastor Pastor, Raquel et al. (Hrsg.): Using Open Data to Detect Organized Crime Threats. Factors Driving Future Crime. Springer International Publishing AG, Cham, S. 47-71

Polizei Hamburg (2019): Projekt: „Entwicklung Berufsbild Kriminalitätsanalytik". Projektbeschreibung (Stand 06/2019). Online verfügbar unter: https://www.polizei.hamburg/contentblob/11904620/9c1c50c88eb00be720cb98cf0feec677/data/projektbeschreibung-berufsbild-kriminalitaetsanalytiker-do.pdf, zuletzt abgerufen am: 30.01.2022

Pütter, Norbert (1998): Der OK-Komplex. Organisierte Kriminalität und ihre Folgen für die Polizei in Deutschland. Verlag Westfälisches Dampfboot, Münster

PwC (PricewaterhouseCoopers GmbH Wirtschaftsprüfungsgesellschaft) (2020): Wirtschaftskriminalität – Ein niemals endender Kampf. PwC's Global Economic Crime and Fraud Survey 2020. Online verfügbar unter: https://www.pwc.de/de/consulting/forensic-services/wirtschaftskriminalitaet-ein-niemals-endender-kampf.pdf, zuletzt abgerufen am: 30.01.2022

Raith, Werner (1992): Mafia: Ziel Deutschland. Vom Verfall der politischen Kultur zur Organisierten Kriminalität. Fischer Taschenbuch Verlag GmbH, Frankfurt am Main

Raith, Werner (1995): Organisierte Kriminalität. Rowohlt Taschenbuch Verlag GmbH, Reinbek

Rebscher, Erich, Vahlenkamp, Werner (1988): Organisierte Kriminalität in der Bundesrepublik Deutschland. Bestandsaufnahme, Entwicklungstendenzen und Bekämpfung aus Sicht der Polizeipraxis. BKA- Forschungsreihe, Wiesbaden

Rückert, Otto (1973): „Organisierte Kriminalität" - ein Schlagwort, hinter dem nichts steckt - oder „harte Realität"? In: Polizei-Führungsakademie (Hrsg.): Organisierte Kriminalität - Phänomen und Bekämpfung (Bilanz der Erscheinungsformen und Konstellation organisierter Verbrechergemeinschaften sowie der Möglichkeit polizeilicher Aktivitäten im Zusammenwirken mit anderen Behörden). Polizei-Führungsakademie, Hiltrup, S. 5-9

Rüdiger, Thomas-Gabriel, Bayerl, Petra Saskia (2018): Digitale Polizeiarbeit: Von Herausforderungen zu Chancen. In: Rüdiger, Thomas-Gabriel, Bayerl, Petra Saskia (Hrsg.): Digitale Polizeiarbeit. Herausforderungen und Chancen. Springer Fachmedien Wiesbaden GmbH, Wiesbaden, S. 11-15

Sanso-Rubert Pascual, Daniel (2017): Measuring Organised Crime: Complexities of the Quantitative and Factoral Analysis. In: Larsen, Henrik Legind, Blanco, Jose Maria, Pastor Pastor, Raquel et al. (Hrsg.): Using Open Data to Detect Organized Crime Threats. Factors Driving Future Crime. Springer International Publishing AG, Cham, S. 25-44

Schaefer, Christoph (1986): Scheitert das Recht an der organisierten Kriminalität? Erfahrungen aus einer Großstadt. In: Schwind, Hans-Dieter, Steinhilper, Gernot, Kube, Edwin (Hrsg.) (1987): Organisierte Kriminalität. Beiträge zu einer Fachtagung der Deutschen Kriminologischen Gesellschaft und zur Verleihung der Beccaria-Medaille 1986. Kriminalistik Verlag, Heidelberg, S. 41-54

Schaefer, Hans Christoph (1996): Vorbeugung und Bekämpfung aus Sicht der Staatsanwaltschaft. In: Mayerhofer, Christoph, Jehle, Jörg-Martin (Hrsg.): Organisierte Kriminalität. Lagebilder und Erscheinungsformen. Bekämpfung und rechtliche Bewältigung. Kriminalistik Verlag, Heidelberg, S. 157-172

Schäfer, Christian, Schnell, Christiane (2020): Professionalisierung durch Akademisierung. Die Polizeiausbildung zwischen wissenschaftlicher Erweiterung und berufspraktischer Verengung. In: Kriminalistik, Ausgabe 5/2020. C. F. Müller GmbH, Heidelberg, S. 341-346

Schäfer, Jürgen, Anstötz, Stephan (2021): § 129 StGB. In: Joecks, Wolfgang, Miebach, Klaus (Hrsg.): Münchener Kommentar zum StGB. Verlag C. H. Beck, München, 4. Auflage. Online verfügbar unter: https://beck-online.beck.de/?vpath=bibdata/komm/MueKoStGB_4_Band3/StGB/cont/MueKoStGB.StGB.p129.glA.glII.htm, zuletzt abgerufen am: 30.01.2021

Schelter, Kurt (2000): Innere Sicherheit in einem Europa ohne Grenzen: Illusion oder realistisches Ziel einer entschlossenen Politik? In: Meier-Walser, Reinhard C., Hirscher, Gerhard, Lange, Klaus et al. (Hrsg.): Organisierte Kriminalität. Bestandsaufnahme, Transnationale Dimension, Wege der Bekämpfung. Hanns-Seidel-Stiftung, München, unveränderter Nachdruck, S. 15-35

Scherschneva-Koller, Elena (2014): Strukturermittlungen als Ermittlungsmethode zur Bekämpfung krimineller Syndikate. Pedell Wissenschaftsverlag GmbH & Co KG, Linz

Schmidkonz, Jakob (2020): Drogenkriminalität 2.0 - Der Beginn einer neuen Ära? In: Kriminalistik, Ausgabe 10/2020. C. F. Müller GmbH, Heidelberg, S. 606-609

Schmidt, Ralf, Bannenberg, Britta (2019): Clankriminalität und OK - notwendige Reaktionen des Rechtsstaates. In: Kriminalistik, Ausgabe 6/2019. C. F. Müller GmbH, Heidelberg, S. 339-345

Schmitz, Hans (1927): Das internationale Verbrechertum und seine Bekämpfung. Selbstverlag, Köln

Schneider, Hans Joachim (1987): Kriminologie. Walter de Gruyter & Co, Berlin

Schneider, Hans Joachim (2007): Organisiertes Verbrechen. In: Schneider, Hans Joachim (Hrsg.): Internationales Handbuch der Kriminologie. Band 1. Grundlagen der Kriminologie. De Gruyter Rechtswissenschaften Verlags-GmbH, Berlin, S. 691-737

Schnorrer, Mike (2008): Organisierte Kriminalität. Die Erforderlichkeit einer Legaldefinition. Deutsche Hochschule der Polizei, Münster

Scholz, Rupert (1986): Organisierte Kriminalität - Entwicklung und rechtspolitische Aufgabe. In: Schwind, Hans-Dieter, Steinhilper, Gernot, Kube, Edwin (Hrsg.) (1987): Organisierte Kriminalität. Beiträge zu einer Fachtagung der Deutschen Kriminologischen Gesellschaft und zur Verleihung der Beccaria-Medaille 1986. Kriminalistik Verlag, Heidelberg, S. 61-86

Schröder, Gorden (2018): Die Rolle von Europol bei der Bekämpfung der grenzüberschreitenden Kriminalität. Teil 2: Europäisierungseffekte für die Kriminalitätsbekämpfungsstrukturen in Deutschland. In: Kriminalistik, Ausgabe 11/2018. C. F. Müller GmbH, Heidelberg, S. 692-698

Schröder, Gorden (2019): Der KOK-Schwerpunktbildungsprozess: Grundlegende Neuausrichtung der OK-Bekämpfung in Deutschland? In: Kriminalistik, Ausgabe 10/2019. C. F. Müller GmbH, Heidelberg, S. 627-631

Schroller, Gerhard (1986): Der polizeiliche Erfolg: Meßbarkeit und Messung. In: BKA (Hrsg.) (1988): Symposium: Der polizeiliche Erfolg. Referate und Diskussionsbeiträge am 15. und 16. Oktober 1986 im Bundeskriminalamt. BKA Forschungsreihe, Wiesbaden, S. 27-37

Schwerhoff, Gerd (2011): Historische Kriminalitätsforschung. Campus Verlag GmbH, Frankfurt a. M.

Schwind, Hans-Dieter (1986): Definition und Geschichte der organisierten Kriminalität im kurzen Überblick. In: Schwind, Hans-Dieter, Steinhilper, Gernot, Kube, Edwin (Hrsg.) (1987): Organisierte Kriminalität. Beiträge zu einer Fachtagung der Deutschen Kriminologischen Gesellschaft und zur Verleihung der Beccaria-Medaille 1986. Kriminalistik Verlag, Heidelberg, S. 17-21

Schwind, Hans-Dieter (2011): Kriminologie. Eine praxisorientierte Einführung mit Beispielen. Kriminalistik, Verlagsgruppe Hüthig Jehle Rehm GmbH, Heidelberg, München, Landsberg, Frechen, Hamburg, 21., neubearbeitete und erweiterte Auflage

Schwind, Hans-Dieter, Schwind, Jan-Volker (2021): Kriminologie und Kriminalpolitik. Eine praxisorientierte Einführung mit Beispielen. C. F. Müller GmbH, Heidelberg, 24., neubearbeitete und erweiterte Auflage

Sieber, Ulrich (1997): Gefahren und Präventionsmöglichkeiten im Bereich der internationalen Organisierten Kriminalität. In: Sieber, Ulrich (Hrsg.): Internationale Organisierte Kriminalität. Herausforderungen und Lösungen für ein Europa offener Grenzen. Carl Heymanns Verlag KG, Köln, Berlin, Bonn, München, S. 269-279

Sieber, Ulrich (1997a): Organisierte Kriminalität in der Bundesrepublik Deutschland. In: Sieber, Ulrich (Hrsg.): Internationale Organisierte Kriminalität. Herausforderungen und Lösungen für ein Europa offener Grenzen. Carl Heymanns Verlag KG, Köln, Berlin, Bonn, München, S. 43-85

Sieber, Ulrich, Bögel, Marion (1993): Logistik der Organisierten Kriminalität. Wirtschaftswissenschaftlicher Forschungsansatz und Pilotstudie zur internationalen KFZ- Verschiebung, zur Ausbeutung von Prostitution, zum Menschenhandel und zum illegalen Glücksspiel. BKA-Forschungsreihe Band 28, BKA Wiesbaden

Sielaff, Wolfgang (1983): Bis zur Bestechung leitender Polizeibeamter? Erscheinungsformen und Bekämpfung organisierter Kriminalität in Hamburg. In: Kriminalistik, Ausgabe 8-9/1983. Kriminalistik Verlag, Heidelberg, S. 417-422

Sielaff, Wolfgang (1996): Vorbeugung und Bekämpfung der organisierten Kriminalität aus der Sicht einer Sicherheitsbehörde. In: Mayerhofer, Christoph, Jehle, Jörg-Martin (Hrsg.): Organisierte Kriminalität. Lagebilder und Erscheinungsformen. Bekämpfung und rechtliche Bewältigung. Kriminalistik Verlag, Heidelberg, S. 149-155

Sieler, Reinhard (2007): Die Effizienz der durch das „Gesetz zur Bekämpfung des illegalen Rauschgifthandels und anderer Erscheinungsformen der Organisierten Kriminalität“ geregelten polizeilichen Ermittlungsmethoden bei der Bekämpfung der organisierten Kriminalität - eine Literaturanalyse. Shaker Verlag, Aachen

Sinn, Arndt (2006): Das Lagebild der organisierten Kriminalität in der Europäischen Union - Tendenzen, rechtliche Initiativen und Perspektiven einer wirksamen OK- Bekämpfung. In: Gropp, Walter, Sinn, Arndt (Hrsg.): Organisierte Kriminalität und kriminelle Organisationen. Präventive und repressive Maßnahmen vor dem Hintergrund des 11. September 2001. Nomos Verlagsgesellschaft, Baden-Baden, S. 503-521

Sinn, Arndt (2016): Organisierte Kriminalität 3.0. Springer-Verlag, Berlin und Heidelberg

Soiné, Michael (1997): Proaktive Strategien zur Bekämpfung krimineller Strukturen. Zentrale fallübergreifende Auswertung von Akten und Dateien über personenbezogene Daten im Rahmen sogenannter (Vor)feld- bzw. Strukturermittlungen de lege lata, de lege ferenda. In: Kriminalistik, Ausgabe 4/1997. Kriminalistik Verlag, Heidelberg, S. 252-264

Stümper, Alfred (1993): Die unsichtbare Macht. Das organisierte Verbrechen in Deutschland. Verlag moderne industrie, München, Landsberg am Lech

Stürickow, Regina (2019): Pistolen-Franz & Muskel-Adolf. Ringvereine und organisiertes Verbrechen in Berlin 1920-1960. Elsengold Verlag GmbH, Berlin

Sundermeyer, Olaf (2017): Bandenland. Deutschland im Visier von organisierten Kriminellen. Verlag C. H. Beck, München, 2. Auflage

Thamm, Berndt Georg, Freiberg, Konrad (1998): Mafia global: Organisiertes Verbrechen auf dem Sprung in das 21. Jahrhundert. Verlag Deutsche Polizeiliteratur GmbH, Hilden

Uesseler, Rolf (1993): Herausforderung Mafia. Strategien gegen Organisierte Kriminalität. Verlag J. H. W. Dietz Nachf. GmbH, Bonn

UNODC (United Nations Organisation Office on Drugs and Crime) (2021): World Drug Report 2021. Wien

Van Duyne, Petrus C. (2004): The creation of a threat image. Media, policy making and organised crime. In: Van Duyne, Petrus C., Jager, Matjaž, von Lampe, Klaus et al. (Hrsg.): Threats and Phantoms of Organised Crime, Corruption and Terrorism. Critical European Perspectives. Wolf Legal Publishers (WLP), Nijmegen, S. 21-50

Von Lampe, Klaus (2004): Measuring Organised Crime. A critique of Current Approaches. In: Van Duyne, Petrus C., Jager, Matjaž, von Lampe, Klaus et al. (Hrsg.): Threats and Phantoms of Organised Crime, Corruption and Terrorism. Critical European Perspectives. Wolf Legal Publishers (WLP), Nijmegen, S. 85-110

Von Lampe, Klaus (2017): Bekämpfung der organisierten Kriminalität. In: Jan-Hendrik Dietrich, Sven-R. Eiffler (Hrsg.): Handbuch des Rechts der Nachrichtendienste. Richard Boorberg Verlag, Stuttgart, S. 781-816

Von Lampe, Klaus (2019): Geschichte und Bedeutung des Begriffs „organisierte Kriminalität“. In: Tzanetakis, Meropi, Stöver, Heino (Hrsg.): Drogen, Darknet und Organisierte Kriminalität. Herausforderungen für Politik, Justiz und Drogenhilfe. Nomos Verlagsgesellschaft, Baden-Baden, S. 23-49

Von Lampe, Klaus, Knickmeier, Susanne (2018): Organisierte Kriminalität. Die aktuelle Forschung in Deutschland. Freie Universität Berlin, Berlin

Voss-de Haan, Patrick, Lippert, Heike, Hergenhahn, Heiko (2015): Kriminalität im Hell- und Dunkelfeld. Ein Bericht zum Forum 2015 des Kriminalistischen Instituts des BKA. In: Kriminalistik, Ausgabe 8-9/2015. C. F. Müller GmbH, Heidelberg, S. 475-481

WODC (Wetenschappelijk Onderzoek- en Documentatiecentrum) (2019): Georganiseerde criminaliteit in Nederland: daders, verwevenheid en opsporing. Den Haag

Weigand, Herbert, Büchler, Heinz (2002): Ermittlungs- und Sanktionserfolge der OK- Ermittlungen in Baden- Württemberg. LKA Baden-Württemberg, Stuttgart

Weschke, Eugen, Heine-Heiß, Karla (1990): Organisierte Kriminalität als Netzstrukturkriminalität. Teil 1. Fachhochschule für Verwaltung und Rechtspflege, Berlin

Wessel, Jan (2001): Organisierte Kriminalität und soziale Kontrolle. Auswirkungen in der BRD. Springer Fachmedien Wiesbaden GmbH, Wiesbaden

Wissenschaftliche Dienste des Deutschen Bundestages (2018): Anti-Mafia-Gesetzgebung in Italien. Einzelfragen zu strafrechtlichen Regelungen. Sachstand. WD 7 – 3000 – 195/18 vom 27.09.2018. Berlin

Wörner, Liane, Wörner, Matthias (2006): Deutschland. In: Gropp, Walter, Sinn, Arndt (Hrsg.): Organisierte Kriminalität und kriminelle Organisationen. Präventive und repressive Maßnahmen vor dem Hintergrund des 11. September 2001. Nomos Verlagsgesellschaft, Baden-Baden, S. 75-132

Abbildungsverzeichnis

Anlage

Generelle Indikatoren zur Erkennung OK-relevanter Sachverhalte (vgl. BMJV 2018)

Vorbereitung und Planung der Tat

- präzise Planung
- Anpassung an Markterfordernisse durch Ausnützen von Marktlücken, Erkundungen von Bedürfnissen u. Ä.
- Arbeit auf Bestellung
- hohe Investitionen, z. B. durch Vorfinanzierung aus nicht erkennbaren Quellen
- Verschaffung und Nutzung legaler Einflussphären
- Vorhalten von Ruheräumen im Ausland

Ausführung der Tat

- präzise und qualifizierte Tatdurchführung
- Verwendung verhältnismäßig teurer oder schwierig einzusetzender wissenschaftlicher Mittel und Erkenntnisse
- Tätigwerden von Spezialisten (auch aus dem Ausland)
- arbeitsteiliges Zusammenwirken
- Einsatz von polizeilich „unbelasteten" Personen
- Konstruktion schwer durchschaubarer Firmengeflechte

Finanzgebaren

- Einsatz von Geldmitteln ungeklärter Herkunft im Zusammenhang mit Investitionen
- Inkaufnahme von Verlusten bei Gewerbebetrieben
- Diskrepanz zwischen dem Einsatz finanzieller Mittel und dem zu erwartenden Gewinn
- Auffälligkeiten bei Geldanlagen, z. B. beim Kauf von Immobilien oder sonstigen Sachwerten, die in keinem Verhältnis zum Einkommen stehen

Verwertung der Beute

- Rückfluss in den legalen Wirtschaftskreislauf
- Veräußerung im Rahmen eigener (legaler) Wirtschaftstätigkeit
- Maßnahmen der Geldwäsche

Konspiratives Täterverhalten

- Gegenobservation
- Abschottung
- Decknamen

- Codierung in Sprache und Schrift
- Verwendung modernster technischer Mittel zur Umgehung polizeilicher Überwachungsmaßnahmen

Täterverbindungen/ Tatzusammenhänge
- überregional
- national
- international

Gruppenstruktur
- hierarchischer Aufbau
- ein nicht ohne weiteres erklärbares Abhängigkeits- oder Autoritätsverhältnis zwischen mehreren Tatverdächtigen
- internes Sanktionierungssystem

Hilfe für Gruppenmitglieder
- Fluchtunterstützung
- Beauftragung bestimmter Anwälte und deren Honorierung durch Dritte
- Aufwendung größerer Barmittel im Rahmen der Verteidigung
- hohe Kautionsangebote
- Bedrohung und Einschüchterung von Verfahrensbeteiligten
- Unauffindbarkeit von zuvor verfügbaren Zeugen
- ängstliches Schweigen von Betroffenen
- überraschendes Benennen von Entlastungszeugen
- Betreuung in der Untersuchungshaft/ Strafhaft
- Versorgung von Angehörigen
- Wiederaufnahme nach der Haftentlassung

Korrumpierung
- Einbeziehung in das soziale Umfeld der Täter
- Herbeiführen von Abhängigkeiten (z. B. durch Sex, verbotenes Glücksspiel, Zins- und Kreditwucher
- Zahlung von Bestechungsgeldern, Überlassung von Ferienwohnungen, Luxusfahrzeugen usw.

Monopolisierungsbestrebungen
- „Übernahme" von Geschäftsbetrieben und Teilhaberschaften
- Führung von Geschäftsbetrieben durch Strohleute
- Kontrolle bestimmter Geschäftszweige
- „Schutzgewährung" gegen Entgelt

Öffentlichkeitsarbeit

- gesteuerte oder tendenziöse Veröffentlichungen, die von einem bestimmten Tatverdacht ablenken
- systematischer Versuch der Ausnutzung gesellschaftlicher Einrichtungen (z. B. durch auffälliges Mäzenatentum)